V&R

classica

Kompetenzorientierte lateinische Lektüre
Herausgegeben von Peter Kuhlmann

Band 16: Ethik und Politik: Cicero, De officiis
Bearbeitet von Peter Kuhlmann

Ethik und Politik: Cicero, De officiis

Bearbeitet von Peter Kuhlmann

VANDENHOECK & RUPRECHT

Mit 14 Abbildungen

Bibliografische Information der Deutschen Nationalbibliothek:
Die Deutsche Nationalbibliothek verzeichnet diese Publikation in der Deutschen Nationalbibliografie; detaillierte bibliografische Daten sind im Internet über https://dnb.de abrufbar.

Umschlagabbildung: Gagafoto@online.de

Satz: SchwabScantechnik, Göttingen
Druck und Bindung: ⊕ Hubert & Co, Göttingen
Printed in the EU

Vandenhoeck & Ruprecht Verlage | www.vandenhoeck-ruprecht-verlage.com

ISBN 978-3-525-70006-8

Inhalt

I. Einleitung

II. Texte

III. Anhang

Liebe Schülerinnen und Schüler,

mit dieser Textausgabe lernen Sie Ciceros Lehren vom ethisch verantwortlichen Handeln kennen. Bei der vorliegenden Schrift *De officiis* handelt es sich formal um einen sehr langen Brief Ciceros an seinen gleichnamigen Sohn Marcus. Allerdings ist der größte Teil des »Briefes« wie eine philosophische Abhandlung verfasst. Auf den ersten Blick mag die lange Schrift unübersichtlich und schwer verständlich erscheinen. Es geht im Grunde aber nur um zwei Themen: a) die Systematik der vier »Kardinaltugenden« (Weisheit/Klugheit, Gerechtigkeit, Charakterstärke, Besonnenheit) und b) den Konflikt zwischen dem Nützlichen *(utile)* und dem ethisch Guten *(honestum)* in der konkreten Lebenspraxis. Übernommen hat Cicero die Vorstellungen aus der stoischen Philosophie.

Die philosophischen Schriften von Cicero gehören zumindest teilweise eher zu den sprachlich und inhaltlich anspruchsvollen Texten und sind an einigen Stellen nicht leicht zu verstehen und zu übersetzen. Die Buchstaben A, B, C hinter den Überschriften geben Ihnen eine Einschätzung des Schwierigkeitsgrades:

A leicht/viele Hilfen;
B mittelschwer;
C schwierig/weniger Hilfen.

Lernvokabeln zu jedem Text befinden sich im Anhang der Ausgabe. Diese Auswahl ist zur Sicherung und Erweiterung Ihrer Wortschatzkenntnisse gedacht. Damit können Sie das Rüstzeug erarbeiten, um die Texte zu erschließen und kontextbezogen die passende Wortbedeutung zu finden. Wörter, die weder im Lernwortschatz enthalten noch als Hilfe angegeben sind, schlagen Sie im Wörterbuch nach.

Kompetenzen

Sprache: Ich kann …

- das philosophische Fachvokabular im Text richtig übersetzen,
- unbekannte Vokabeln aus dem Zusammenhang oder durch Ableitung erschließen,
- die syntaktische Struktur der Sätze erkennen und für die Übersetzung nutzen.

Text: Ich kann …

- typische formale Merkmale des philosophischen Lehrbriefs benennen und im Text nachweisen,
- Grundzüge der (mittleren) stoischen Lehre im Text nachweisen,
- die *officia* und das Verhältnis von *utile* und *honestum* aus dem Text herausarbeiten,
- typische Wertbegriffe der römischen Oberschicht (v. a. *virtus, honestum, sapientia, iustitia, magnanimitas, temperantia*) aus dem Text herausarbeiten,
- die stilistische Gestaltung des Textes beschreiben und dabei auffällige Stilmittel benennen sowie ihre Funktion im Kontext erläutern,
- Themen, Aufbau und Gedankenführung des Textes unter Nennung sinntragender lateinischer Begriffe beschreiben.

Kultur: Ich kann …

- Ciceros Lehre von den *officia* und Kardinaltugenden erläutern,
- Ciceros Konzept vom »gerechten Krieg« erläutern und mit anderen Vorstellungen vergleichen,
- Grundsätze aristokratischer Erziehung in der ausgehenden Republik benennen,
- die stoische Tugendlehre mit römischen Wertvorstellungen vergleichen,
- die stoische Tugendlehre mit modernen Vorstellungen vergleichen.

Interpretation ganz praktisch: Leitfragen für philosophische Texte

Sie können die Texte auch ganz selbstständig ohne Anleitung durch die Lehrkraft unter Verwendung von Leitfragen analysieren – hier ein paar Vorschläge:

- Welche Merkmale des philosophischen Lehrbriefs/Traktats liegen vor?
- Welche Stilmittel liegen vor und welche Funktion haben sie?
- Welche philosophischen Lehrsätze sind im Text nachweisbar?
- Wie ist der logische Ablauf/die Gedankenführung?
- Wie passen die philosophischen Lehren zu römischen Werten?
- Welche Gemeinsamkeiten/Unterschiede gibt es zu modernen Vorstellungen?

Cicero: Leben und Werk

Abb. 1: Cicero

Marcus Tullius Cicero stammt nicht aus der Hauptstadt Rom selbst, sondern aus der italischen Provinz: Er wurde im Jahr 106 v.Chr. rund 100 km südöstlich von Rom in Arpinum geboren. Seine Familie gehörte zur lokalen Oberschicht und damit auch zum Ritterstand, was eine Ausbildung Ciceros und seines um vier Jahre jüngeren Bruders Quintus in Rom möglich machte. Die Ausbildung und Erziehung übernahmen einige damals wichtige Politiker und Juristen aus der Schicht der römischen Patrizier. Für die Römer galt Cicero als sogenannter *homo novus,* d.h. er hat in Rom politisch Karriere gemacht und wurde Senator und Konsul, obgleich er nicht dem alteingesessenen stadtrömischen Adel entstammte.

Nach der Ausbildung in Rhetorik, Recht und Philosophie wurde Cicero schon in jungen Jahren ein berühmter Redner: Der Durchbruch kam 70 v.Chr., als er in einem aufsehenerregenden Prozess Verres, den ehemaligen Provinzverwalter von Sizilien, wegen Amtsmissbrauchs und Ausplünderung der Provinz erfolgreich verklagte und Verres bereits kurz nach der Prozesseröffnung durch sein als Rede noch erhaltenes Anfangsplädoyer ins freiwillige Exil trieb. Cicero war zuvor (76) Quaestor in Sizilien gewesen und daher *patronus* der Bevölkerung Siziliens. Alle politischen Ämter erlangte Cicero in dem vorgesehenen Mindestalter *(suo anno):* So wurde er 37-jährig im Jahr 69 v.Chr. Aedil, mit 40 Jahren Praetor und 63 v.Chr. im Alter von 43 Jahren Konsul. Neben den politischen Ämtern war Cicero auch Priester, d.h. er überwachte (ab 53) als Augur die Vogelschau vor wichtigen Staatshandlungen. Als Konsul deckte er die Verschwörung des verarmten Patriziers und vielfach vergeblichen Konsulatsbewerbers Catilina gegen den römischen Staat auf und bewirkte einen Senatsbeschluss zur Hinrichtung der Verschwörer; erhalten sind die vier Reden, die Cicero vor Senat und Volk gegen Catilina gehalten hatte. Nach römischem Recht gehörte die Vollstreckung solcher Todesurteile eigentlich auch in den Zuständigkeitsbereich der in diesem Fall nicht einberufenen Volksversammlung. Daher nutzten Ciceros Gegner diese Hinrichtung römischer Bürger für eine nachträgliche Anklage Ciceros, die ihn 58 ins Exil nach Griechenland (Thessaloniki) trieb. In der Zeit der erzwungenen politischen Untätigkeit verfasste Cicero um 55–54 v.Chr. seine ersten rhetorischen und staatsphilosophischen Werke über den idealen Redner *(De oratore)* und den idealen Staat *(De re publica, De legibus).*

In Rom waren mittlerweile Pompeius, Crassus und v.a. Caesar (Konsulat: 59) die eigentlichen Entscheidungsträger geworden. Allerdings hielt das Bündnis dieser drei Politiker (Triumvirat) nicht lange, was ab 49 zum Ausbruch von Bürgerkriegen führte. Sieger der Bürgerkriege war Caesar; der Senat und damit die Optimatenpartei, zu denen Cicero gehörte, waren faktisch entmachtet. Cicero hatte im Bürgerkrieg die Senatspartei unter Pompeius sogar aktiv unterstützt.

Nach dem Sieg Caesars musste sich Cicero mit dem neuen Diktator arrangieren, war aber politisch wieder kalt gestellt. Ein weiterer persönlicher Schlag war der Tod seiner Tochter Tullia (45 v.Chr.), zu der Cicero eine enge Beziehung hatte. Caesar wurde schon 44 u.a. von dem Republikaner Brutus ermordet, was erneute Bürgerkriege auslöste. Brutus interessierte sich für stoische Philosophie und war eng mit Cicero und dem hier im Brief adressierten Sohn Marcus befreundet. Einige von Ciceros philosophischen Werken sind dem Brutus gewidmet.

Cicero spielte nach Caesars Ermordung noch einmal für kurze Zeit eine wichtige Rolle in der Politik, allerdings gelang ihm die Rettung der Republik nicht. Im Gegenteil wurde er selbst 43 v.Chr. auf Befehl von Marcus Antonius ermordet. Kurz vor seinem Tode war Cicero noch erstaunlich produktiv und verfasste den größten Teil seiner philosophischen Schriften, die ihn über das erzwungene politische *otium* und den Tod seiner Tochter hinwegtrösten sollten: Philosophie diente Cicero als Lebenshilfe.

In dieser Zeit kurz vor seinem Tod schrieb Cicero nicht nur die Schrift *De officiis,* sondern auch andere wichtige Werke wie die *Academica,* in denen sich Cicero als Anhänger der skeptischen Akademie zu erkennen gibt, die *Tusculanae disputationes* als fiktiven Dialog über stoische Tugenden und das Ertragen von Leid und Schmerz, die theologischen Dialoge *De natura deorum* und *De divinatione* mit einer skeptischen Einstellung gegenüber Göttern und Religion und *De finibus bonorum et malorum* mit einer vergleichenden Darstellung der Güterlehre bei Epikur, Stoikern, Aristoteles und Platon.

Ciceros *De officiis* als philosophischer Lehrbrief

Historische Situation

Die Schrift *De officiis* entstand im Winter/Herbst 44 v.Chr. innerhalb von nur wenigen Wochen. Einige Monate zuvor war der Diktator Caesar ermordet worden (15. März), und dessen politischer Gefährte Marc Anton übernahm in seiner Funktion als amtierender Konsul zunächst die Herrschaft. Cicero begrüßte wie viele andere optimatisch eingestellte Senatoren die Beseitigung des Diktators. Nach dessen Ermordung wurde es in der Stadt Rom aufgrund der politischen Unruhen für Cicero und viele andere Caesar-Gegner ungemütlich. Cicero zog sich daher aus der Stadt auf seine Landgüter zurück und versuchte, den Konsul Marc Anton mit seinen *Philippischen Reden* politisch zu bekämpfen. Diese Reden sind angefüllt mit erbitterten Hass-Tiraden gegen Marc Anton und führten letztlich dazu, dass Marc Anton bei Caesars Adoptivsohn Octavian (~ Augustus) im Folgejahr 43 v.Chr. die Ermordung Ciceros durchsetzen konnte. Auf seinem Landgut verfasste Cicero zu dieser Zeit eine ganze Reihe philosophischer Schriften, die ihn über die verfahrene politische Situation und nicht zuletzt über den Tod seiner geliebten Tochter Tullia (Februar 45 v.Chr.) hinwegtrösten sollten. Die Schrift *De officiis* ist das letzte von Cicero verfasste Werk.

Aufbau – Inhalt – zentrale Begriffe

Das Werk richtet sich an Ciceros (einzigen) ca. 18-/19-jährigen Sohn Marcus, der sich gerade zum Philosophie-Studium in Athen befindet und dort bei dem befreundeten Brutus wohnt. Marcus studiert eigentlich bei dem bekannten Aristoteliker Kratippos, aber Cicero will die philosophischen Belehrungen vorsichtshalber mit dieser von ihm selbst stammenden Schrift unterstützen. Formal ist die Schrift als »Lehrbrief« gestaltet, weist allerdings überwiegend die Merkmale einer philosophischen Abhandlung (Traktat) auf. Der Aufbau der Schrift:

Buch I	Buch II	Buch III
Proömium: Empfehlungen an Marcus für sein Studium Definition des *officium* (»pflichtgemäßes Handeln«) und des *honestum* (»Ehrenhaftes«) Die vier Teilbereiche des *honestum* als Anwendungsgebiet des *officium:* 1. Weisheit/Klugheit: *sapientia, prudentia* (gr. *sophía*) 2. Gerechtigkeit: *iustitia* (gr. *dikaiosýnē*) 3. Charakterstärke: *fortitudo, magnanimitas* (gr. *andreía*) 4. Besonnenheit: *temperantia, moderatio* (gr. *sōphrosýnē*)	Das Verhältnis von *utile* und *honestum:* *utile* und *honestum* stehen nicht in einem Konflikt zueinander, sondern sind untrennbar verbunden	Praxisbeispiele für den vermeintlichen Konflikt bzw. die Untrennbarkeit von *utile* und *honestum* Polemik gegen die Epikureer Schlussworte an den Sohn Marcus

Mit seiner Schrift lehnt sich Cicero direkt an den griechischen Stoiker **Panaítios** (2. Jh. v. Chr.) und dessen (verlorenes) Werk *perì toû kathḗkontos* an. Darin behandelte Panaítios den philosophischen Terminus *tò kathêkon* (griech. »das Zukommende, sich Gehörende«), den Cicero mit dem lateinischen Substantiv *officium* wiedergibt. Die genaue Bedeutung lässt sich im Deutschen nicht ohne Weiteres mit einem Wort wiedergeben: Gemeint ist ein Verhalten, das sich für jemanden aus ethisch-moralischen Gesichtspunkten gehört und damit zu einer moralischen Verpflichtung wird. Meist wird Ciceros Übersetzung *officium* im Kontext dieser Schrift mit dem etwas sperrigen Ausdruck »Pflicht(gemäßes Handeln)« übersetzt. Wenn man Cicero glauben darf, hatte Panaítios zwar die ethischen Kriterien für das richtige Handeln und in diesem Zusammenhang die vier Kardinaltugenden dargelegt; allerdings scheint bei ihm der (vermeintliche) Konflikt zwischen der Nützlichkeit und dem sittlich Guten bzw. Ehrenhaften gefehlt zu haben, weswegen Cicero dies in seinem zweiten Buch ausführlicher behandelt. Das dritte Buch scheint zumindest teilweise auf den Ausführungen eines etwas jüngeren stoischen Philosophen namens **Poseidónios** (135–51 v. Chr.) zu beruhen. Diesen Stoiker hatte Cicero noch persönlich kennengelernt, als er bei ihm auf Rhodos Philosophie-Unterricht nahm.

Die vier Kardinal- bzw. Haupt-Tugenden wurden schon viel früher von Platon (428–347 v. Chr.) definiert und bildeten somit Allgemeingut der griechischen Philosophie. Diese vier Tugenden sind die konkrete Grundlage und der Maßstab für ein ethisch verantwortbares Handeln im Sinne des *officium* bzw. *kathêkon.*

Neben dem Begriff *officium* ist auch der Terminus *honestum* nicht einfach im Deutschen wiederzugeben: Im »normalen« lateinischen Sprachgebrauch ist mit diesem von *honōs* bzw. *honor* abgeleiteten Adjektiv alles gemeint, was Ehre einbringt. In den Übersetzungen von Ciceros philosophischen Schriften findet man darüber hinaus häufig die Formulierung »sittlich gut« für *honestum:* Tatsächlich übersetzt Cicero in seinen philosophischen Schriften selbst den griechischen Terminus *kalón* oder *agathón* »(sittlich) gut« mit *honestum,* so dass diese Übersetzung naheliegt. Allerdings muss man bedenken, dass für das lateinischsprachige Lesepublikum die erste, ursprüngliche Bedeutung immer mitschwang. Cicero versuchte demzufolge, die beiden Bedeutungen in seinem Sprachgebrauch miteinander zu kombinieren.

Wieso ein Lehrbrief?

Cicero hätte eigentlich die Möglichkeit gehabt, für seine Darlegungen die Form des Traktats bzw. der systematischen Abhandlung zu nutzen. Im Grunde tut er dies auch, weil der »Brief« weitgehend genauso systematisch aufgebaut ist wie ein »echter« philosophischer Traktat. Dass er dann doch die Schrift als Brief gestaltet und publiziert hat, dürfte mehrere Gründe haben: Zum einen wollte Cicero vermutlich tatsächlich seinen Sohn ermahnen, sich verstärkt um philosophische Inhalte zu bemühen; zum anderen hatte Cicero ein größeres Lesepublikum im Auge, vermutlich v.a. auch jüngere Leser, die in Zukunft Politik gestalten sollten. Schon länger war es durchaus üblich, philosophische Inhalte in Form von »Lehrbriefen« zu verfassen. Der Inhalt konnte dann auf der einen Seite systematisch dargelegt werden; auf der anderen Seite wirkte der Brief aufgrund der direkten Anreden aber persönlicher als ein eher anonym wirkender Traktat. Solche Lehrbriefe sind etwa von Platon, aber auch von Epikur an deren jeweilige Schüler überliefert. Allerdings sind deren philosophische Lehrbriefe viel kürzer als Ciceros drei Bücher umfassende Schrift.

Rezeption

Die Schrift wurde bereits in der Antike zu einem Klassiker der philosophischen Ethik: So gab es schon mit dem o. g. Caesar-Mörder Brutus oder Seneca Autoren, die gleichnamige, aber heute verlorene Schriften in Anlehnung an Cicero verfassten. Auch die antiken christlichen Autoren lasen die Schrift intensiv und berücksichtigten sie in ihren Werken. Der Kirchenvater und Mailänder Bischof Ambrosius (4. Jh. n.Chr.) verfasste eine heute noch erhaltene Schrift mit dem Titel *De officiis ministrorum,* die die erste systematische Darstellung der christlichen Ethik bildet. Auch im Mittelalter wurde das Werk viel gelesen und im Sinne der christlichen Ethik rezipiert.

In der Frühen Neuzeit bzw. Renaissance war Ciceros *De officiis* das Vorbild für ein Werk mit dem Titel *Cortegiano* (»Edelmann«), das der italienische Humanist Baldassare Castiglione um 1500 verfasste. Darin kann man nachlesen, was den idealen Mann bei Hofe ausmacht (universelle Bildung, elegante Lebensführung, hohe soziale Kompetenz im Umgang speziell mit Frauen), was dann wiederum Vorbild für das Ideal des *gentleman* wurde.

Sprachliche Besonderheiten

Wortschatz und Wortbildung

- philosophische Vokabeln und Ausdrücke wie *officium* »Pflicht(gemäßes Handeln)«, *virtūs* »Tugend«, *ūtile* »nützlich«, *honestum* »ehrenvoll; sittlich gut«, *honestās* »Ehrenhaftigkeit«, *ratiō* »Vernunft« u.ä.,
- Substantivierungen von Adjektiven: *ūtile* »das Nützliche«, *honestum* »das Ehrenvolle, sittlich Gute«, *(summum) bonum* »das (höchste) Gut«; mit dem Suffix *-tās: ūtilitās* »Nützlich-keit«, *honestās* »Ehrenhaftig-keit« etc.,
- häufiger Gebrauch von (v.a. logisch gliedernden) Konnektoren: *ergo, itaque, tamen, vērō, sīc-ut, tam-quam, magis-quam, nōn sōlum – verum etiam* etc.,
- besondere Pronomina: *quis = aliquis, quisquam, quīdam.*

Formenlehre

- häufige Verwendung der 1. Person Plural statt Singular: *nōs* ~ ich,
- Verwendung des Passivs in reflexiver Bedeutung: *fallī* »sich irren«.

Satzbau

- häufige Ellipse von *esse* oder anderen aus dem Kontext ergänzbaren Satzteilen und Wörtern – besonders in den stark dialogischen Partien,
- vielfach komplexe Perioden mit Einschüben (Parenthesen),
- indirekte Rede mit AcI-Konstruktionen; abhängige Fragen,
- variable Wortstellung mit Mittel- oder Endstellung des Subjekts und Hyperbata.

Briefbeginn: Definition der *officia*

1. Der Einstieg: Ermahnungen an den Sohn (Cic. off. 1,1–5: A)

Cicero spricht am Beginn seiner Schrift seinen gleichnamigen Sohn Marcus an: Der ca. 18/19 Jahre alte Marcus wurde vom Vater zum Philosophiestudium nach Athen geschickt, sein Lehrer ist der Aristoteliker Kratippos. Allerdings interessiert sich Marcus viel mehr für Partys als für die langweiligen Unterrichtsinhalte. Cicero muss seinen Sohn daher ermahnen, das Studium ernst zu nehmen. Er ist übrigens ohnehin überzeugt, dass er Philosophie eigentlich viel besser vermitteln kann als Marcus' Lehrer Kratippos ...

Tu, Marce fili, annum iam audis Cratippum (idque Athenis);
certe abundas praeceptis institutisque philosophiae propter summam auctoritatem et doctoris et urbis:
Cratippus te scientiā augere potest,
Athenae exemplis.
Ad philosophiam nos, ut videmur, magnum adiumentum attulimus hominibus nostris;
itaque non modo Graecarum litterarum rudes,
sed etiam docti arbitrantur se adeptos esse aliquantum et ad dicendum et ad iudicandum.
Lerne du nur so lange, wie du mit deinen Lernfortschritten zufrieden bist. Lies dabei meine Schriften, die ja nicht sehr von Aristoteles abweichen und die Lehren von Platonikern und Aristotelikern verbinden wollen. Bilde dir aber dein eigenes Urteil! Ich will zwar nicht arrogant erscheinen, aber den guten lateinischen Stil lernst du an meinen Schriften am besten. Gut philosophieren können natürlich auch Andere. Hier in dieser Schrift geht es um die Frage der Pflichten (officia), *denn nichts im privaten und öffentlichen Leben ist frei von Pflichten.*
Haec quidem quaestio communis est omnium philosophorum.

Athēnīs *(Lokativ)*: in Athen

abundāre + *Abl.*: voll sein von – **īnstitūtum:** Vorschrift – **doctor,** ōris: Lehrer

augēre: fördern

nōs = *ego* – **vidēmur** = *videor*

rudis: *hier etwa* Laie – **doctus:** Experte – **adipīscī,** adipīscor, adeptus sum: erreichen

Quis est enim,
qui nullis officii praeceptis tradendis
philosophum se audeat dicere?
Nam qui **summum bonum** sic instituit,
ut nihil habeat cum **virtute** coniunctum,
idque non **honestate** metitur,
hic neque amicitiam colere possit nec iustitiam nec liberalitatem.

īnstituere: bestimmen, definieren

metīrī + *Abl.*: an *etw.* messen, mit *etw.* abgleichen

1. **Gliedern Sie den Text in Abschnitte und nennen Sie die Themen.**
2. **Beschreiben Sie Ton und Stil des Briefanfangs; untersuchen Sie dabei, wie emotional/distanziert der Brief des Vaters an seinen Sohn auf Sie wirkt.**
3. **Arbeiten Sie das Bild heraus, das Cicero von sich selbst zeichnet.**
4. **In dem Text erwähnt Cicero die (Ver)Pflicht(ung)en, die es überall im privaten und öffentlichen Leben gebe: Finden Sie hierfür einige Praxisbeispiele aus Ihrem Leben.**
5. ***Wortschatz:* Der lateinische Text enthält einige (aus deutschsprachiger Perspektive) mehrdeutige Wörter, wie z. B. *līberālitās* (Schluss): »edle Gesinnung« oder »Freigebigkeit«. Dazu gehören weiter die fett gedruckten Wertbegriffe *virtūs* und *honestās* (s. u.): Entscheiden Sie, ob jeweils mehrere Bedeutungen an den Textstellen inhaltlich passen, und erklären Sie, wie sich dies auf die Deutung des Textes auswirkt.**

S K Römische Werte und philosophische Konzepte

Cicero muss für seine Werke viele griechische Termini ins Lateinische übersetzen. Er orientiert sich dabei meist an bereits vorhandenen Wertbegriffen der römischen Oberschicht:

lat. Begriff	Werte: römische Oberschicht	Bedeutung: Philosophie
vir-tūs* < *vir	mannhaftes Verhalten: Tapferkeit; Selbstkontrolle; Erfolg	moralisch richtiges Verhalten/Anstand; ethische Einstellung (gr. *areté*)
hones-tum* < *honōs	alles, was Ehre bringt: politische Ämter; militärische Siege	moralisch richtig; ethisch gut (gr. *agathón*)
ratiō	Berechnung; Überlegung	logisches Denken, Vernunft (gr. *lógos*)

Die lateinischen Muttersprachler konnten natürlich die linke Bedeutungshälfte nicht ausblenden. Das im Text erwähnte *summum bonum* meint »das höchste Gut« im philosophischen Sinne, d. h. ein Gut, das der Mensch nicht verlieren kann. In der Stoa sind dies *virtūs* und *ratiō*.

2. Philosophenschulen im Hellenismus

Auf der Suche nach dem individuellen Glück

Als wichtigster antiker Philosoph galt im Altertum Platon (427–347 v. Chr.) – der Philosoph schlechthin. Platon war der wichtigste Schüler des Sokrates. Er hinterließ eine große Zahl von literarisch gestalteten philosophischen Dialogen, in denen häufig Sokrates als selbstironischer, aber weiser Sprecher auftritt. In der Zeit des Hellenismus (ca. 330 bis 1. Jh. v. Chr.) entwickelten sich miteinander konkurrierende Philosophenschulen, deren Hauptmerkmal die Suche nach dem individuellen und persönlichen Glück ist. Schon für Platon bildete die *eudaimonía* (»Glückseligkeit«, lat. *beātitūdō, vīta beāta*) ein zentrales Ziel im menschlichen Leben.

Akademie (Platon)

Abb. 2: Platon

Platon gründete in Athen eine eigene Philosophenschule auf dem Akademos-Hügel, die danach »Akademie« genannt wurde. In der Akademie spielte im Hellenismus, also in der Zeit nach Platon, vor allem der Skeptizismus, aber auch die Rhetorik eine große Rolle. Cicero war besonders von der Philosophie der Akademie beeinflusst und bezeichnete sich in einigen Dialogen auch ausdrücklich selbst als Akademiker. Vor allem seine Darstellung philosophischer Themen als literarischer Dialog stammt letztlich aus der Schule der Akademie.

Aristoteles (384–322 v. Chr.)

Platons bedeutendster Schüler war Aristóteles. Er gründete eine eigene philosophische Schule in einer Athener Sportstätte (gr. *gymnásion*), die dem Apollon Lýkeios geweiht war und danach gr. *Lýkeion* bzw. lat. *Lycēum* genannt wurde. Aristoteles pflegte während seiner Vorlesungen umherzuwandeln (gr. *peripateîn*), weswegen man die Anhänger des Aristoteles auch »Peripatetiker« nennt; die philosophische Richtung wiederum nennt man oft »Perípatos« (= das Umhergehen). Aristoteles entwickelte die Systematik der Rhetorik und das logische Schlussfolgern weiter. Er definierte den Menschen als ein *zôon politikón* (ζῷον πολιτικόν), d. h. als ein im Prinzip soziales Wesen, das von Natur aus nach einem Leben in staatlicher Gemeinschaft strebt. Als höchstes Gut der Peripatetiker wird in Ciceros Dialog das naturgemäße Leben *(secundum nātūram vīvere)* genannt, das sich aber jeweils individuell unterschiedlich gestalten kann.

Stoa

Die Stoa wurde um 300 v. Chr. von Zenon aus Kition (Zypern) in Athen gegründet. Benannt ist sie nach der bunt bemalten Säulenhalle (gr. *stoá poikílē*) auf dem Marktplatz von Athen, in der die Stoiker unterrichteten. Nach stoischer Lehre war das gesamte Weltgeschehen vom Schicksal (lat. *fātum*) vorherbestimmt. Typisch für die stoische Philosophie ist die **Güterlehre:**

Danach gibt es echte Güter und irrelevante »Güter« (gr. *adiáphora*). Als höchstes Gut (lat. *summum bonum*) wird in der Regel die »Tugend« (gr. *areté*, lat. *virtūs*) definiert, die ganz konkret die richtige ethische Grundhaltung und das daraus resultierende moralisch verantwortliche Handeln bezeichnet. Eng verbunden mit der *virtūs* ist für die Stoiker die Vernunft (gr. *lógos*, lat. *ratiō*), die den Menschen zur moralisch korrekten Lebensführung (lat. *honestē vīvere*) anleitet. Alle äußeren »Güter« wie Reichtum, Erfolg u. ä., aber auch scheinbare »Übel« wie Krankheit, Armut etc., die keine Relevanz für die *virtūs* besitzen, gelten für den Stoiker als *adiáphora* und sind daher zu vernachlässigen. Wer sein Leben nach der *virtūs* ausrichtet, kann dadurch zur Glückseligkeit *(beātitūdō)* gelangen. Allerdings ist der dabei entstehende »Lustgewinn« nicht wie bei den Epikureern das Ziel, sondern nur ein Nebeneffekt des eigentlichen *summum bonum.*

Abb. 3: Stoa des Attalos in Athen

In der Geschichte der Stoa unterscheidet man zwischen der alten, »rigorosen« und der mittleren, »milden« bzw. gemäßigten Stoa: Die älteren Stoiker verdammten die Affekte wie Zorn, Furcht oder Verliebtheit als auszurottende Krankheiten; die **mittleren Stoiker** wie **Panaítios** oder **Poseidónios** forderten nur eine Kontrolle der Affekte, damit der Mensch sich nicht von den Affekten beherrschen lässt, sondern seine volle Entscheidungsfreiheit behält. Auch bei der Güterlehre gab es Unterschiede: Die mittleren Stoiker erkannten den Wert äußerer Güter wie Wohlstand und Gesundheit für das Glück des Menschen eher an. Für Cicero war v. a. diese gemäßigte Ausrichtung der Stoa maßgeblich.

Epikur

Epikur gründete 307 in Athen seine philosophische Schule, die in Konkurrenz zur platonischen Akademie und zum aristotelischen Peripatos stand. Erhalten von Epikurs Schriften sind: Lehrbriefe (z. B. an seinen Schüler Menoikeus) mit einer Darstellung der Lehre; Lehrsätze mit den »Hauptlehren« (gr. *Kýriai dóxai*). Motor und zugleich Ziel aller Handlungen ist für Epikur die »Lust« (gr. *hēdoné;* lat. *voluptās*). Diese *hēdoné* bezeichnet das Wohlbefinden des Körpers und der Seele. Gemeint ist nicht hemmungslose Lust, sondern die Freiheit von Schmerz und seelischer Erschütterung. Der Weise lebt maßvoll, da exzessive Lust für den Augenblick zwar Befriedigung schafft, langfristig aber zu Schmerz und Unlust führen kann. Zu meiden ist alles, was die Seelenruhe beeinträchtigt und zu Unlust führt, z. B. die Ehe und politische Betätigung. Der Weise »lebt im Verborgenen« (gr. *láthe biósās*). Dies widerspricht der Stoa, die gegen den »Hedonismus« Epikurs heftig polemisiert: Nach der Stoa ist das höchste Gut die Tugend *(virtūs)*, die zwar mit Lust verbunden sein kann, aber nicht muss.

3. Bildung und Ausbildung in der römischen Antike

Der Kontext von *De officiis* gibt ebenso wie Ciceros Biographie einige Hinweise darauf, wie die höhere Ausbildung junger Männer in der römischen Oberschicht ablief: Wer es sich leisten konnte, hatte private Lehrer in seinem Haushalt. Oft wurden die jungen Männer zu »Praktika« bei einflussreichen Bekannten oder Verwandten geschickt, d.h. sie begleiteten die erwachsenen Amtsträger auf dem Forum und lernten so alles Wichtige zu Recht, Kult und politischer Praxis ganz direkt kennen. Oft schickte man seine (fast) erwachsenen Söhne dann noch auf eine (sehr kostspielige) Studienreise nach Griechenland. Anders als heute waren solche Reisen kompliziert und auch nicht ungefährlich, schon deswegen, weil es keine regelmäßig verkehrenden öffentlichen Verkehrsmittel oder Fährverbindungen gab. Man musste also auf eigene Faust die Reisemöglichkeiten mieten oder kaufen. Dazu kam das Begleitpersonal, dessen Reisekosten ebenfalls zu bestreiten waren. Unterwegs konnte man ausgeraubt oder von Piraten entführt werden. Dennoch gehörte es spätestens seit dem 1. Jh. v. Chr. zum guten Ton in der Oberschicht, solche Bildungs- und Studienreisen nach Griechenland zu unternehmen. Dabei lernte man nicht nur die wissenschaftlichen Stars persönlich kennen, sondern konnte auch mit anderen Studienreisenden Kontakte knüpfen und Netzwerke bilden. Zudem verbesserte man seine Griechischkenntnisse natürlich enorm, auch wenn in vielen vornehmen Haushalten ohnehin die Erzieherinnen oder Lehrer griechische Muttersprachler waren und mit den Kindern bewusst Griechisch sprachen.

Abgesehen von dieser höheren Bildung hatten die Römer die Möglichkeit, in »öffentlichen«, aber privat betriebenen und damit auch kostenpflichtigen Schulen Bildung zu erwerben. Dabei waren folgende Stufen üblich:

Abb. 4: Schulszene in Rom

Elementarunterricht – lūdus: Mädchen und Jungen lernten hier gemeinsam schreiben, lesen und etwas rechnen (Grammatik/Arithmetik). Die Oberschicht stellte natürlich Bedienstete für den Haushalt ein, die z. T. auch nebenher gebührenpflichtige öffentliche Schulen an belebten Plätzen unterhielten; diese *ludi magistri* (Elementarlehrer) waren oft griechisch-italische Sklaven, Freigelassene, *peregrini* (Ausländer) und schlecht bezahlt/angesehen; es gab neben den hauptsächlich männlichen Lehrkräften auch Frauen, die als *magristra ludi* tätig waren. Die Unterrichtsmethode war sehr eintönig und ineffizient: Zuerst lernten die Kinder das Alphabet und die Buchstaben, danach (sinnlose!) Silben und schließlich ganze Wörter schreiben; dieser wenig abwechslungsreiche Unterricht dauerte immerhin vom 7. bis zum 11. Lebensjahr, so dass man sich heute fragen muss, was die armen Kinder (und Lehrer!) eigentlich im Einzelnen die ganze Zeit getrieben haben. Allerdings gab es natürlich keine Präsenz- bzw. Schulpflicht, auch keine Prüfungen oder gar »qualifizierende Abschlüsse« im modernen Sinne, so dass vermutlich der Unterricht nicht besonders kontinuierlich stattfand und es ein ständiges Kommen und Gehen gab. Wenn man sich weiter vorstellt, dass die *ludi* (Schulen) an belebten Plätzen (Forum) waren, muss es auch sehr laut gewesen sein.

Grammatiker: Die nächste Stufe ist das Lernen beim *grammaticus,* der viel besser bezahlt wurde als der *magister ludi;* die Lehrer waren hier wohl auch nur Männer. Die Jungen/Schüler waren etwa 11–16 Jahre alt; auch Mädchen konnten noch zum *grammaticus* gehen. Zentral waren als Unterrichtsgegenstände der Grammatik- und Literaturunterricht (Homer, griechische Tragiker; weitere Themen waren auch die griechische Mythologie, griechische und römische Geschichte anhand von Exempla, d.h. eine eher personenbezogene, nicht wirklich systematische oder gar wissenschaftlich-faktenbasierte Vermittlung von Geschichte: Geschichts»wissen« diente vielmehr dazu, den Schülern positive oder abschreckende Exempla zu pädagogischen Zwecken zu präsentieren oder als bildungsgerechten Gesprächsstoff für die gebildete Konversation bereitzustellen. Die Methode der *grammatici* bestand darin, die richtige (möglichst stadtrömische) Aussprache zu üben, grammatische Regeln zu lernen, um korrektes Latein zu produzieren, das die Sprecher/Schreiber als Angehörige der gebildeten Elite kenntlich machte. Für Mädchen gab es darüber hinaus wohl auch z. T. eine Art musischer Erziehung, die in Rom als unmännlich galt.

Rhetorenschule: Die höchste Stufe im antiken Ausbildungssystem stellte die Rhetorenschule dar. Sie wird oft als »Studium« oder »Hochschule« bezeichnet. Dorthin gingen nur junge Männer ab ca. 16 Jahren, und auch hier dauerte die Ausbildung rund vier Jahre. Rhetorik-Lehrer (lat. *rhētorēs*) waren gesellschaftlich hoch angesehen und konnten viel Geld verdienen. Der Unterricht in der Rhetorenschule war die unmittelbare praktische Vorbereitung auf ein Leben in der Öffentlichkeit als Politiker und/oder Anwalt. Die Tatsache, dass diese höchste Bildungsinstitution »Rhetorenschule« hieß, zeigt, dass in der Antike höhere Bildung und Rhetorik fast synonym waren. In den Schulen lernte man griechische Rhetorik-Theorie, las griechische Redner und machte praktische Übungen hierzu – z.B. durch das Übersetzen dieser Reden ins Lateinische und das Anfertigen eigener Reden nach deren Vorbild. Interessant waren diese öffentlich zugänglichen Rhetorenschulen v.a. für sozial Aufstiegswillige, die nicht in patrizische Familien hineingeboren waren und keine einflussreichen Verwandten hatten, bei denen sie das praktische rhetorische und juristische Handwerkszeug lernten. Sie hatten aber oft das nötige Geld, um sich den Besuch dieser kostspieligen Privatschulen leisten zu können.

4. Was sind *officia*? (Cic. off. 1,7–10: C)

Cicero kommt schnell zur Sache und steigt in die komplexen Fragen der Definitionen ein: Er unterscheidet zwischen höherwertigen officia *mit Bezug zum höchsten Gut und zwischen alltagsbezogenen; er geht auf den Widerspruch zwischen Ehrenhaftem und Nützlichem ein und unterscheidet jeweils unterschiedliche Grade.*

Placet igitur definire, quid sit officium. Omnis enim institutio debet a definitione proficisci, ut intellegatur, quid sit id, de quo disputetur. Omnis quaestio de officio *duplex* est: *Unum* genus est, quod pertinet ad summum bonum, *alterum,* quod positum est in praeceptis, quibus in omnes partes usus vitae conformari possit. Superioris generis sunt exempla huius modi, omnia-nĕ officia perfecta sint, num quod officium aliud alio maius sit et cetera. *Einige Vorgaben zu den* officia *beziehen sich auf das höchste Gut, wie wir im Weiteren erklären werden.*

placet: *hier* man sollte/muss

īnstitūtiō: Unterweisung, Vermittlung

genus: *hier etwa* Seite – **positum esse in** + *Abl.:* basieren auf – **partēs** *Pl.: hier* Hinsicht – **ūsus vītae:** Lebensführung – **superior:** erstgenannt – **huius modī:** (von) folgender Art – **-ne:** ob – **num quod:** ob irgendein

Atque etiam est alia divisio officii: Nam et ›medium quoddam officium‹ dicitur et ›perfectum‹. Perfectum officium vocemus ›rectum‹. Atque Graeci ea sic definiunt, ut id, quod rectum sit, officium perfectum esse definiant; medium autem officium id esse dicunt, quod cur factum sit, ratio probabilis reddi possit. *Panaitios überlegt weiter, ob in der Praxis das Ehrenhafte* (honestum) *im Widerspruch mit dem Nützlichen* (utile) *stehen kann, z.B. wenn man sich für den eigenen Wohlstand bereichert, was dann aber gegen die Ehrenhaftigkeit sein kann. Aber auch das greift zu kurz, denn:*

quīdam, quaedam, quoddam: *hier* Art von – **vocāre:** nennen, bezeichnen als

quod cūr factum sit: *etwa* für deren/dessen Verwirklichung *(relativische Verschränkung)* – **ratiō:** *hier* Grund, Begründung

nec enim solum deliberari solet, utrum honestum an turpe sit, sed etiam duobus propositis honestis <deliberari necesse est,> utrum honestius <sit>, itemque duobus propositis utilibus, utrum utilius.

utrum – an: ob – oder **prōpōnere,** -pōnō, -posuī, -positum: zur Wahl stellen *(hier Abl. abs.)* – **uter, utra, utrum:** wer/was von beiden

Primum igitur disserendum est de honesto, sed

dupliciter,

tum pari ratione de utili,

post de comparatione eorum.

dupliciter: in doppelter Weise *(nämlich ob es mehr oder weniger ehrenhaft etc. ist)* – **ratiō:** *hier* Art (und Weise)

1 *Vor der Übersetzung:* Weisen Sie im lat.-dt. Cicero-Text Wörter und Ausdrücke der dt. Einleitung nach (z. B. Definitionen, ehrenhaft vs. nützlich).

2 Stellen Sie den Argumentationsgang des Abschnitts dar – z. B. tabellarisch oder als *mind-mapping.*

3 Cicero hebt auf den graduellen Unterschied zwischen mehr oder weniger ehrenhaft/nützlich ab: Finden Sie hierfür Beispiele aus Ihrer Lebenswelt.

4 *Wortschatz:* Ein großer Teil der lateinischen Wörter im Text lebt in deutschen Fremdwörtern oder englischen Latinismen fort: Erstellen Sie hierzu eine Tabelle und erklären Sie erkennbare Bedeutungsunterschiede zwischen lateinischem Original und dem deutschen/englischen Wort (z. B. lat. *officium* »Pflicht« ≠ engl. *office* »Büro«).

S *ratiō* – ein vieldeutiges lateinisches Wort

Zu den besonders mehrdeutigen (bzw. »polysemen«) lateinischen Substantiven gehört das Wort *ratiō,* dessen richtige Übersetzung selbst erfahrene Philologen vor Herausforderungen stellen kann. Bei einem Blick in ein Wörterbuch finden Sie die Bedeutungen: *Rechnung, Rechenschaft, Verzeichnis, Summe, Geldgeschäft, Angelegenheiten, Vorteil, Verkehr, Verhältnis, Rücksicht, Vernunft, Überlegung, Beweis* und noch viele mehr (je nach Wörterbuch über 20 Bedeutungen!). Die in den Wörterbüchern zuerst angegebenen Bedeutungen entsprechen in der Regel den ältesten belegten »ursprünglichen« Bedeutungen: Hier ist das »(Be-)Rechnung«. Für Ihre Cicero-Lektüre sind vor allem folgende Bedeutungen wichtig, die sich meist schon aufgrund des syntaktisch-sprachlichen Kontextes ergeben:

1. **Vernunft, logisches Denken, Intelligenz:** In diesen durchaus etwas unterschiedlichen Bedeutungen steht *ratiō* meist allein für sich und kann auch Subjekt (Nominativ) sein, z. B. *ratiō bonum est* oder *homō ratiōnem ā deīs habet.*
2. **Art (und Weise), Methode:** Bei dieser Bedeutung hat *ratiō* in der Regel ein Attribut bei sich und steht dann gern im Ablativ; z. B. *hāc ratiōne, omnī ratiōne, parī ratiōne* etc.
3. **Grund, Begründung:** Bei dieser Bedeutung hängt meist eine abhängige Frage (»warum«: *cūr*) von *ratiō* ab: *ratiō, cūr factum sit.*

5 Definieren Sie Unterschiede zwischen dt. »Vernunft« vs. »Intelligenz« sowie den Adjektiven »vernünftig« und »intelligent« anhand von Beispielen.

Die Kardinaltugenden

5. Die »Kardinaltugenden« als Teilbereiche des *honestum* (Cic. off. 1,15–17: C)

Cicero unterscheidet beim honestum *vier Teilbereiche (= Kardinaltugenden): a) Weisheit bzw. Erkenntnis (der Wahrheit), b) Gerechtigkeit bzw. Fairness (z. B. bei Verträgen), c) Charakterstärke, d) Besonnenheit bzw. maßvolles Handeln:*

Aber alles, lieber Marcus, was honestum *ist, fußt auf vier Bereichen bzw. Tugenden:* <honestum>

a) aut enim in perspicientia veri versatur

b) aut in societate hominum tuenda tribuendoque suum cuique et in fide rerum contractarum

c) aut in magnitudine ac robore animi excelsi atque invicti

d) aut in ordine et modo omnium, quae fiunt atque dicuntur, in quo inest modestia et temperantia.

vērum, ī *n.:* die Wahrheit
versārī in: gehören zu, sich beziehen auf – **tuērī:** (be)schützen – **rēs contrācta:** Vertrag

modus, ī *m.:* Maß(halten)

Haec quattuor inter se colligata atque implicata sunt; tamen ex singulis certa officiorum genera nascuntur; ita in ea parte, in qua sapientiam et prudentiam ponimus, inest indagatio veri; hoc munus est proprium eius virtutis. *Wer nun die Wahrheit am besten erkennt, den pflegt man für den Klügsten und Weisesten zu halten; daher haben wir hier auch die Wahrheit* (veritas) *als Teilbereich des* honestum *mit aufgenommen.*

certus, a, um: ein/e bestimmte/r
genus, eris *n.:* Art, Bereich
pōnere in + *Abl.: hier etwa* ansetzen, festmachen – **vērum,** ī *n.:* Wahres, Wahrheit

Reliquis autem tribus virtutibus necessitates propositae sunt ad eas res parandas tuendasque, quibus actio vitae continetur, ut

et societas hominum coniunctioque servetur

et animi excellentia magnitudoque

cum in augendis opibus utilitatibusque et sibi et suis comparandis,

tum multo magis in his ipsis despiciendis eluceat.

necessitās, tātis *f.:* Aufgabe
parāre: erwerben, beschaffen
āctiō vītae: Lebensbewältigung

cum – tum: sowohl – als auch besonders – **opēs,** um *f.Pl.:* Wohlstand, Mittel – **suī,** ōrum: die eigenen Angehörigen

Ordo autem et constantia et moderatio et ea, quae

sunt his similia, versantur in eo genere, ad quod est adhibenda actio quaedam, non solum mentis agitatio. In iis enim rebus, quae tractantur in vita, modum quendam et ordinem adhibentes, honestatem et decus conservabimus.

adhibēre: anwenden – **āctiō:** (echtes) praktisches Tun

1 **Weisen Sie die vier in der dt. Einleitung genannten Punkte im gesamten Textabschnitt nach und erklären Sie jeweils die Zugehörigkeit der Textpassage zu dem Einzelpunkt.**

2 **Der Terminus *honestum* kann sowohl das »sittlich/ethisch Gute« als auch das »Ehrenvolle/-hafte« bezeichnen: Erklären Sie den Bedeutungsunterschied im Deutschen und untersuchen Sie, wo im lateinischen Text welche Bedeutung besser passt oder ob beide Bedeutungen passen.**

3 **Im letzten Teil schreibt Cicero, man müsse sich Mittel und Vorteile verschaffen, sie aber dann auch verachten (*in his ipsis despiciendis*): Erklären Sie diesen scheinbaren Widerspruch.**

4 ***Wortfamilien:* Viele Vokabeln im Text lassen sich von Lernvokabeln ableiten (z. B. *coniunctiō* »Verbindung« < *con-/cum + iungere*): Finden Sie weitere Beispiele solcher Ableitungsmöglichkeiten und leiten Sie sie entsprechend her.**

S *-nd*-Formen richtig übersetzen

Die meisten -nd-Formen lassen sich in irgendeiner Weise mit »zu« im Deutschen wiedergeben; nur beim Ablativ muss man umformulieren (z. B. Verbalsubstantiv):
Gen.: *ratiō vīvendī* »Art zu leben« (»Art des Lebens«)
***ad* + Akk.:** *ad omnēs rēs parandās* »um alle Dinge zu beschaffen«
***in* + Abl.:** *in societāte tuendā* »beim Beschützen der Gemeinschaft« (temporal)
reiner Abl.: *societāte tuendā* »durch das Schützen der Gemeinschaft« (instrumental)
Gerundivum + *esse*: *āctiō adhibenda est* »ein praktisches Tun ist anzuwenden > muss angewandt werden«.

6. Cicero und die Stoa

Cicero sieht sich selbst als Anhänger der Platonischen Akademie und der aristotelischen Peripatetiker; dagegen steht er in klarem Gegensatz zu Epikur: Dessen dogmatisches System läuft Ciceros Skeptizismus grundsätzlich zuwider. Besonders Epikurs Vorstellung von der »Lust« als höchstem Gut stößt auf Ciceros Kritik, der hier von der Stoa geprägt ist: Das rein individualistische Glück nach dem Prinzip »Lebe im Verborgenen« (gr. *láthe biósās*) ohne Verantwortung für das Staatswesen ist für den aktiven Politiker nicht akzeptabel.

Viel näher steht Cicero hingegen der Stoa, die als höchstes Gut die »Tugend« definiert. Im Griechischen lautet der Begriff *areté* (eigentlich das »Gutsein«), was Cicero im Lateinischen mit *virtus* übersetzt. Der lateinische Begriff bezeichnet ursprünglich das Ideal von Männlichkeit und bekommt dann durch philosophischen Einfluss eine weitere Bedeutung im Sinne »guter Eigenschaften« im Allgemeinen. Da dieser stoische Wert leicht anschlussfähig an die Wertvorstellungen der römischen Nobilität war, konnte ihn Cicero gut für seine Publikationen zur Vermittlung griechischer Philosophie nutzen. Auch die in der mittleren Stoa entwickelten Konzepte zum »pflichtgemäßen Handeln« *(officium)* passen gut zum Ideal des politischen und militärischen Amtsinhabers, der sich für die *res publica* aufopfert. Ciceros Übersetzung der griechisch-stoischen Begriffe *kalón* und *agathón* »(ethisch) gut« durch *honestum* »ehrenvoll« nähert die Stoa noch weiter an die traditionellen Wertvorstellungen des römischen *mos maiorum* an.

Dennoch ist Cicero im Ganzen kein eigentlicher Stoiker: So konnte er insbesondere mit der stoischen Lehre vom Schicksal *(fatum)* nichts anfangen: Alles Geschehen ist gemäß Stoa vom Schicksal vorgegeben, so dass es im Rahmen dieses Konzeptes im Grunde keine menschliche Entscheidungsfreiheit gibt. Für einen aktiven Politiker ist diese Vorstellung naturgemäß nur wenig attraktiv. Überhaupt lehnte Cicero jeden übertriebenen Dogmatismus ab und blieb in seinem Denken stets ein Skeptiker. Daher bekannte er sich auch am ehesten zum Skeptizismus der Platonischen Akademie. Dem System der Peripatetiker fühlte er sich wegen des engen politischen Bezugs verbunden: Für Aristoteles war der Mensch ein politisches Wesen, das seine Erfüllung in der aktiven Teilnahme an der Bürgerschaft findet.

Wertvorstellungen der römischen Gesellschaft

In der römischen Gesellschaft spielte ein von republikanischer Zeit bis in die Spätantike relativ konstanter Wertekanon eine zentrale Rolle. Das, was den idealen Mann ausmacht, bezeichnete man als *vir-tūs.* Dazu gehören militärische Leistungen und politisches Engagement im Dienst an der *res publica,* was alles *honōs* einbrachte und daher als *hones-tum* (»ehrenvoll«) galt. Diese Werte wurden sogar seit der mittleren Republik bis in die Spätantike vergöttlicht und mit kultischen Ehren versehen.

Abb. 5: Vergöttlichter Honos auf einer kaiserzeitlichen Goldmünze (2. Jh. n. Chr.)

Aufgrund dieser Werte oder »Tugenden« *(virtutes)* erlangten die Mitglieder der Nobilität wiederum Ruhm *(gloria, fama)* zu Lebzeiten und Nachruhm *(memoria)* bei ihren Nachfahren *(posteritas).* Unsterblichkeit *(immortalitas)* konnte man nach römischer Auffassung nur durch dieses Weiterleben in der Erinnerung der Nachwelt erwerben. Im Bereich der Religion war die Verehrung der Götter zentral für die Römer, weil man sich durch die richtige Ausführung kultischer Handlungen *(cultus deorum)* göttliche Hilfe für das Staatswohl versprach. Im Sozialen war die Beachtung der Ständegrenzen von großer Bedeutung: So waren z. B. Ämter in Politik und Kult an die Zugehörigkeit zu einem bestimmten Stand gebunden. Dafür war im sozialen und politischen Bereich die *amicitia* im Sinne politischer »Freundschaften« wichtig: Man schloss Zweckbündnisse, um gemeinsame politische Interessen zu verfolgen.

Abb. 6: Spätantiker Altar für die Dea Virtus (Köln)

1 **Vergleichen Sie die römischen Wertvorstellungen mit der stoischen Lehre und nennen Sie die wichtigsten Unterschiede.**

2 **Vergleichen Sie die römischen Werte mit Wertvorstellungen unserer Zeit: Gibt es hier Gemeinsamkeiten oder Unterschiede?**

7. Die erste Kardinaltugend: Weisheit/Klugheit (Cic. off. 1,18–19: A/B)

Cicero legt im Folgenden ausführlich die vier »Kardinaltugenden« (s. u.) dar. Er beginnt mit der ersten dieser Tugenden, die man meist mit der sapientia *oder* prudentia *identifiziert. Hier im Lehrbrief fasst Cicero ganz konkret darunter das Streben nach Erkenntnis bzw. die Wahrheitssuche als Grundlage für Weisheit und Klugheit:*

Ex quattuor locis cognitio veri maxime naturam attingit humanam. Omnes enim trahimur et ducimur ad cognitionis et scientiae cupiditatem, in qua excellere pulchrum putamus; labi autem, errare, nescire, decipi et malum et turpe ducimus.

In hoc genere et naturali et honesto duo vitia vitanda sunt:

unum, ne incognita pro cognitis habeamus hisque temere assentiamur; is, qui hoc vitium effugere volet (omnes autem velle debent), adhibebit et tempus et diligentiam ad considerandas res.

Alterum est vitium, quod quidam nimis magnum studium multamque operam in res obscuras atque difficiles easdemque non necessarias conferunt.

Man darf sich nämlich nicht durch zu viel Anhäufen von reinem Spezialistenwissen von echten Tätigkeiten abhalten lassen. Omnis enim laus virtutis in actione consistit, a qua tamen fit intermissio saepe; tum agitatio mentis potest nos in studiis cognitionis etiam sine opera nostra continere. Omnis autem cogitatio motusque animi aut in consiliis capiendis de rebus honestis pertinentibus ad bene beateque vivendum aut in studiis scientiae cognitionisque versabitur.

Dies mag als Ausführung zum ersten Teil des pflichtgemäßen Handelns (officium) *genug sein.*

locus, ī *m.: hier* Gebiet (der Kardinaltugenden) – **vērum, ī** *n.:* Wahrheit

excellere: herausragen, gut sein

lābī: unrecht handeln, Fehler machen – **dēcipere:** betrügen – **dūcere** + *dopp. Akk.*: halten für

vitium, ī *n.*: Fehler – **vītāre:** vermeiden

habēre prō: halten für

temerē *Adv.*: leichtfertig

adhibēre: anwenden

opera, ae *f.*: Mühe, Aufwand

īdem *prädikativ:* außerdem, obendrein

cōnsistere in: beruhen auf

studium + *Gen.:* Streben nach etwas

cōnsilia capere: Pläne fassen

versārī in: sich beziehen auf, sich befassen mit

1 *Vor der Übersetzung:* Erstellen Sie für sich eine kurze Liste mit Punkten, die für Sie Weisheit und Klugheit ausmachen; gleichen Sie Ihre Punkte mit dem Inhalt des Textabschnitts ab.

2 Stellen Sie aus dem Text die lateinischen Beispiele für die Definition der ersten Kardinaltugend zusammen.

3 In Ciceros Schrift geht es eigentlich um die Ethik: Überprüfen Sie Ciceros Beispiele und Definitionen für die erste Kardinaltugend darauf, ob/wo sie sich auf die Ethik beziehen und wo nicht; erklären Sie mögliche Diskrepanzen.

4 Am Schluss des Abschnitts erwähnt Cicero das glückliche Leben (*beate vivere*): Erklären Sie, inwieweit Erkenntnis und Weisheit zu einem glücklichen Leben beitragen können.

Abb. 7: Der weise Mann auf dem Berg

8. Was sind »Kardinal«-Tugenden?

Das Wort »Tugend« ist im heutigen Deutsch ziemlich altmodisch geworden, vor allem im Singular. Im Plural verwendet man das Wort noch etwas häufiger wie z. B. »deutsche Tugenden« oder »Sekundärtugenden«. Außerdem ist das Wort missverständlich: Unter dem Adjektiv »tugendhaft« stellt man sich vor allem Personen vor, die »anständig« bzw. enthaltsam leben und auf alles, was Spaß macht, verzichten (z. B. »tugendhafte Frauen/Mädchen«). Mit dem römischen Begriff *virtus* hat dies aber nichts zu tun. »Tugend« bezeichnet eine ethisch einwandfreie Haltung und überhaupt gute, vorbildliche Eigenschaften. Das deutsche Substantiv leitet sich vom Verb *taugen* ab, also hat jemand »Tugend«, der »etwas taugt«.

Der griechische Philosoph Platon stellte in seinen Schriften einen ersten Katalog der vier wichtigsten Tugenden auf, an denen sich die spätere Philosophie und Cicero orientierten:

Platon (Griechisch)	Cicero (Latein)	Deutsch
1. *sophía, phrónēsis*	*sapientia, prudentia*	Weisheit, Klugheit
2. *dikaiosýnē*	***iustitia***	Gerechtigkeit
3. *andreía*	*fortitudo, magnanimitas*	Tapferkeit, Charakterstärke, Mut
4. *sōphrosýnē*	*temperantia, moderatio*	Besonnenheit, Mäßigung

Für Cicero ist übrigens die **Gerechtigkeit** die wichtigste dieser vier Tugenden. Eine genaue Übersetzung der Begriffe mit einem Wort ist oft schwierig, wie man schon an den unterschiedlichen Begriffen in der Tabelle sehen kann. Zum Teil sind die gängigen deutschen Übersetzungen auch etwas altmodisch. So würde man statt *Weisheit* heute vielleicht eher von *Umsicht* sprechen; statt *Gerechtigkeit* würde man heute in vielen Kontexten sicher eher *Fairness* sagen; bei der vierten Tugend ist häufig die *Selbstbeherrschung* oder *Selbstkontrolle* gemeint.

Für Ciceros Lesepublikum wirken die lateinischen Übersetzungen nicht unbedingt wie philosophische Fachbegriffe, sondern definieren das, was einen idealen römischen Mann aus der Führungselite ausmacht. Im Idealfall handeln römische Offiziere und Politiker weise, umsichtig, klug, fair, gerecht, und sie sind tapfer, mutig, haben starke Nerven und ihre Gefühle unter Kontrolle, so dass sie auch besonnen entscheiden können.

Im ersten Buch von *De officiis* manifestiert sich das *honestum* in diesen vier Haupttugenden: Aufgrund der Mehrdeutigkeit des Begriffes könnte man also sagen: Wer alle diese eben genannten Eigenschaften besitzt, handelt »ehrenhaft« bzw. verschafft sich ein »ehrenvolles Ansehen« *(honestas)*, ist aber natürlich auch »sittlich gut«.

Der Terminus »Kardinaltugend« hat übrigens nichts mit einem Kardinal der Katholischen Kirche zu tun: Er stammt von dem lateinischen Kirchenvater und Mailänder Bischof Ambrosius (4. Jh. n. Chr.), der von *virtutes cardinales* sprach; abgeleitet ist das Adjektiv *cardinalis* von *cardo* »Türangel«, d. h. es geht um die vier Tugenden, die für ihn der »Angelpunkt« aller guten Eigenschaften sind.

Abgesehen von diesem kanonischen Tugendkatalog aus der Antike gibt es auch neuzeitliche Tugendkataloge, d. h. (je nach zeitlichem Kontext) »gute« Charaktereigenschaften und Persönlichkeitsmerkmale. So gehören zu den **preußischen Tugenden** etwa: Gehorsam, Pflichtbewusstsein, Demut, Gottesfurcht, Pünktlichkeit, Ordnung, Fleiß etc.

Der von der Aufklärung geprägte Pädagoge Johann Friedrich **Herbart** stellte folgenden Tugendkatalog auf:

- Tapferkeit
- Freiheit
- Güte
- Gerechtigkeit

Im **Buddhismus** gibt es die Tugenden:

- liebende Güte
- Mitgefühl
- Mitfreude
- Gleichmut

Der **christliche** Tugendkatalog lautet:

- Glaube
- Liebe
- Hoffnung

Abb. 8: Deutsche Tugend – Pünktlichkeit

1 **Sammeln Sie, was man in Ihrem Freundeskreis oder in Ihrer Familie spontan unter »Tugend« versteht.**

2 **Recherchieren Sie den Begriff »Tugend« und seine Bedeutungen in Wörterbüchern oder im Internet (z. B. unter duden.de).**

3 **Stellen Sie für sich einen eigenen Tugendkatalog auf, d. h. stellen Sie zusammen, was für Sie zentrale persönliche Eigenschaften sind, die Sie vielleicht auch einmal an Ihre Kinder weitergeben möchten. Vergleichen Sie diese mit dem antiken Tugendkatalog.**

4 **Vergleichen Sie die zuletzt aufgeführten Tugendkataloge mit den antiken Kardinaltugenden und gegebenenfalls mit Ihrem eigenen Katalog: Welche unterschiedlichen Schwerpunkte werden jeweils gesetzt?**

9. Die zweite Kardinaltugend: Gerechtigkeit (Cic. off. 1,20–23: A)

Als zweite Kardinaltugend nennt Cicero die Gerechtigkeit (iustitia), *die für ihn in engem Zusammenhang mit der Wohltätigkeit* (beneficentia) *steht:*

De tribus autem reliquis <virtutibus> latissime patet ea ratio,
quā societas hominum inter ipsos et quasi communitas
vitae continetur.

patēre: sich erstrecken, Geltung haben – **ratiō:** *hier* Grundsatz, Lebensprinzip

Cuius partes duae <sunt>:
iustitia,
in qua *vir*tutis splendor est maximus,
ex qua *vir*i boni nominantur;
et huic *(= iustitiae)* coniuncta <est> **beneficentia,**
quam eandem vel benignitatem vel liberalitatem
appellari licet.

īdem, eadem, idem *prädikativ:* ebenso – **licet** + *AcI:* es ist möglich, man kann

Sed iustitiae primum munus est,
ut ne cui quis noceat,
nisi lacessitus iniuriā,
deinde ut communibus pro communibus utatur,
privatis <rebus> ut suis.

cui/quis = *alicui/aliquis*
lacessere, lacessō, lacessīvī, lacessītum: reizen, herausfordern
commūnia *n.Pl.:* Gemeingut, öffentliches Gut – **sua** *n.Pl.:* eigener Besitz

Von Natur aus gibt es eigentlich keinen Privatbesitz, sondern er ist erst nachträglich durch Krieg oder Inbesitznahme geschaffen worden. Aber Besitz verpflichtet, denn wie schon Platon schreibt:

non nobis solum nati sumus,
et patria partem ortūs nostri vindicat, partem amici.
Ut Stoicis placet,
omnia, quae in terris gignuntur,
ad usum hominum creantur;
homines autem hominum causā generati sunt,
ut ipsi inter se alii aliis prodesse possent.
In hoc debemus naturam sequi ducem,

ortus, ūs *m.:* Herkunft, Dasein – **vindicāre:** für sich beanspruchen – (Stoicīs) **placet:** *hier* (die Stoiker) lehren – **gignere:** hervorbringen communes utilitates in medium afferre, mutatione officiorum et dando accipiendo devincire societatem hominum inter homines.

ūtilitās, tātis: Nutzen, Vorteil
in medium: in den Mittelpunkt
officium: *hier* Hilfe(leistung)

1. ***Vor der Übersetzung:*** **Definieren Sie anhand praktischer Beispiele, was für Sie »Gerechtigkeit« ausmacht und ob der moderne Begriff »Fairness« dasselbe wiedergibt.**
2. **Gliedern Sie den Text und geben Sie jeweils Zwischenüberschriften.**
3. **Cicero betont in diesem Abschnitt den Zusammenhang von *iustitia* und *beneficentia:* Erklären Sie, wie diese beiden *officia* bzw. *virtutes* miteinander zusammenhängen; dazu können Sie auch praktische Beispiele aus dem heutigen Leben anbringen.**
4. **Stellen Sie die von Cicero genannten Maximen zusammen, die auch heute noch Geltung haben können, und geben Sie ggf. moderne Praxis-Beispiele hierfür.**

K *beneficentia:* ein typisch römischer Begriff

Das lateinische Wort *beneficentia* wird in den Wörterbüchern mit »Wohltätigkeit« übersetzt. Das Substantiv bildet eine Wortfamilie mit *beneficium* »Wohltat«, von dem wiederum das deutsche *Benefiz-* (wie in *Benefiz-Konzert, -Veranstaltung*) stammt. Die englische Übersetzung lautet *charity.* Im deutschen und englischen Sprachraum versteht man hierunter das Wirken zugunsten von Bedürftigen im Sinne von milden Gaben oder Almosen. So spricht man z.B. von *Wohltätigkeits-Veranstaltungen* oder *-Organisationen.* Im Rahmen des römischen Klientelwesens war der *patronus* sogar gesellschaftlich verpflichtet, seinen Klienten *beneficia* zu gewähren, z.B. durch finanzielle Unterstützung, Beschaffung von Arbeit oder juristische Unterstützung in Prozessen als Anwalt (= lat. *patrōnus*). Cicero selbst entsprach jedoch keineswegs immer dem Ideal der *beneficentia:* Er gehörte zu den »Miethaien« Roms und nahm jährlich 80.000 Sesterzen für Wohnungen in z.T. baufälligen Häusern ein. Berüchtigt ist der Einsturz einer solchen Mietskaserne Ciceros, bei der viele Mieter zu Tode kamen.

S *(ali)quis* »jemand« nach Konjunktionen

Die Indefinitpronomina *aliquis* »irgendjemand«, *aliquid* »irgendetwas« etc. sind stark betont. Die unbetonten Formen *quis* und *quid* werden besonders nach Konjunktionen verwendet wie *nē* »damit nicht«, *sī* »wenn«, *nisi* »wenn nicht« oder *num* »ob«:

si quis mihi nocet »wenn mir jemand schadet«
nisi cui noceo »wenn ich nicht jemandem schade«
hoc fit, ne quis mihi noceat »das geschieht, damit mir niemand (= nicht jemand) schadet«
rogant, num cui noceant »sie fragen, ob sie jemandem schaden«
si quid facere volo »wenn ich etwas tun will«

10. Was ist ein »gerechter Krieg« *(bellum iustum)?* (Cic. off. 1,34–37: B)

Der römische Staat hat in seiner Geschichte sehr viele Kriege geführt. Cicero geht in seiner Schrift auf die bis heute aktuelle Frage ein, wann ein Krieg gerecht ist:

In der Politik muss v. a. das Kriegsrecht beachtet werden. Quare suscipienda quidem bella sunt ob eam causam, ut sine iniuria in pace vivatur; partā autem victoriā conservandi sunt ii, qui non crudeles in bello, non immanes fuerunt, sicut maiores nostri Tusculanos, Aequos, Volscos, Sabinos, Hernicos in civitatem etiam acceperunt, at Karthaginem et Numantiam funditus sustulerunt. Meā quidem sententiā paci, quae nihil insidiarum habitura sit, semper est consulendum. Et cum iis, quos vi deviceris, consulendum est; tum ii, qui armis positis ad imperatorum fidem confugient, recipiendi sunt. In quo tantopere apud nostros iustitia culta est, ut ii, qui nationes bello devictas in fidem recepissent, earum patroni essent more maiorum. *Die Grundsätze für Kriege und Kriegserklärungen sind bei uns in Rom gesetzlich genau festgelegt.* Ex quo intellegi potest nullum bellum esse iustum, nisi quod aut rebus repetitis geratur aut denuntiatum ante sit et indictum.

(bellum) suscipere: (einen Krieg) beginnen

parere, pariō, peperī, partum: erreichen, erringen – **immānis:** unmenschlich

cīvitās, tātis: Bürgerschaft, Bürgerrecht – **funditus** *Adv.*: von Grund auf

īnsidiae *f.Pl.*: *hier* Tücken, Fallen

cōnsulere + *Dat.*: sorgen für, unterstützen – **cum – tum:** sowohl – als auch besonders

pōnere, pōnō, posuī, positum: *hier* niederlegen – **fidēs:** *hier* Schutz, Obhut – **recipere:** *meint hier* bei sich im Staatswesen aufnehmen

nisi quod: außer wenn er (= *bellum*) – **rēbus repetītīs:** zur Wiedergutmachung für einen erlittenen Schaden – **dēnūntiāre:** ankündigen – **indīcere:** erklären

1 *Vor der Übersetzung:* **Überlegen Sie, ob es für Sie heute überhaupt »gerechte Kriege« geben kann und stellen Sie Ihre Grundsätze für einen gerechten Krieg auf.**

2 **Stellen Sie die Kriterien und Merkmale zusammen, die für Cicero einen gerechten Krieg ausmachen; beurteilen Sie, welche dieser Punkte auch heute noch Geltung haben können.**

3 **Arbeiten Sie aus dem Textabschnitt das Rombild heraus, das Cicero anhand der *bellum-iustum*-Thematik entwirft.**

4 **Gleichen Sie Ciceros Kriterien für einen gerechten Krieg mit den heute aktuellen Regelungen und Vorstellungen (s. u.) ab: Wo sehen Sie Unterschiede, wo Gemeinsamkeiten?**

K Kriegsvölkerrecht heute

Die Frage nach der Rechtlichkeit und Kriterien zur Durchführung von Kriegen ist heute genauso aktuell wie in der Antike. In der *Charta der Vereinten Nationen* wird für alle UN-Mitgliedsstaaten definiert: »Alle Mitglieder unterlassen in ihren internationalen Beziehungen jede gegen die territoriale Unversehrtheit oder die politische Unabhängigkeit eines Staates gerichtete oder sonst mit den Zielen der Vereinten Nationen unvereinbare Androhung oder Anwendung von Gewalt.« Damit ist anders als noch im 19. Jh. ein Angriffskrieg zur Durchsetzung politischer Interessen verboten. Das Verbot von Angriffskriegen wurde nach dem 2. Weltkrieg zum ersten Mal als Verbrechen definiert. Laut UN-Charta ist hingegen ein Krieg zur Selbstverteidigung erlaubt. Ebenso sind militärische Interventionen als »friedensschaffende Maßnahmen« erlaubt, wenn ein UN-Mandat vorliegt.

In der *Haager Landkriegsordnung* und im *Genfer Abkommen* wird die Behandlung von Gefangenen, Verwundeten und Zivilpersonen geregelt: So unterliegen diese Personengruppen einem besonderen humanitären Schutz und dürfen nicht misshandelt werden. Auch Kulturgüter unterliegen in Kriegen einem besonderen Schutz und dürfen nicht vorsätzlich zerstört werden.

Im Prinzip gibt es also heute internationale Abkommen, die im Einzelnen durchaus klare Regeln für die Kriegsführung schaffen, allerdings ist die praktische Umsetzbarkeit natürlich nicht immer gegeben. Ein weiteres Problem stellt schon die Definition von »Krieg« dar: Nicht selten sprechen Aggressoren verharmlosend von »Interventionen« oder »Sondereinsätzen« und Ähnlichem, um bewusst den Begriff »Krieg« zu vermeiden.

Abb. 9: Krieg ist keine Lösung

11. Die dritte Kardinaltugend: Charakterstärke (Cic. off. 1,62–63; 77: A)

Als dritte Kardinaltugend führt Cicero die Charakterstärke (modern gesprochen; lat. fortitudo, magnanimitas*) an und nennt sich dann gleich selbst als passendes Beispiel dafür: Als er 63 v. Chr. Konsul war, versuchte sein Konkurrent Catilina einen Staatsstreich (Catilinarische Verschwörung), den Cicero mit den Senatstruppen verhinderte.*

Nemo, qui fortitudinis gloriam consecutus est insidiis et malitiā, laudem est adeptus: nihil enim honestum esse potest, quod iustitiā vacat. Praeclarum <est> igitur illud <verbum> Platonis: »Scientia« inquit, »quae est remota ab iustitia ›calliditas‹ potius quam ›sapientia‹ est appellanda; praeterea etiam animus paratus ad periculum, si suā cupiditate, non utilitate communi impellitur, ›audaciae‹ potius nomen habeat, quam <nomen> ›fortitudinis‹.« Itaque volumus viros fortes et magnanimos esse eosdem bonos et simplices, veritatis amicos minimeque fallaces; *all dies sind Anforderungen, die die Gerechtigkeit an einen Charakter stellt.*

cōnsequī, cōnsequor, cōnsecūtus sum/**adipīscī,** adipīscor, adeptus sum: erreichen

vacāre + *Abl.*: nicht haben, ohne etwas sein

calliditās: Schläue, Listigkeit

nōmen: *hier* Bezeichnung

īdem: *hier prädikativ* zugleich, gleichzeitig – **fallāx,** ācis: betrügerisch

Illud autem optimum est, in quod improbos et invidos invadere solere audio: »cēdant arma togae, concēdat laurea laudī«. Ut enim alios omittam: nobis rem publicam gubernantibus nonne togae arma cesserunt? Neque enim periculum in re publica fuit gravius umquam nec maius otium. Ita consiliis diligentiāque nostrā celeriter de manibus audacissimorum civium delapsa arma ipsa ceciderunt. Quae tanta res igitur umquam in bello gesta <est>? Qui triumphus conferendus? Licet enim mihi, Marce fili, apud te gloriari, ad quem et hereditas huius gloriae et factorum imitatio pertinet.

improbus, a, um: gehässig

invadere in: sich stürzen auf, kritisieren – **toga:** *metaphorisch für die Zivilmacht (Konsulat)* – **laurea:** Kriegslorbeer *für den Sieger* – **laus,** laudis: *metaphorisch für die Redekunst* – **nōbīs** = *mē* – **gubernāre:** *meint Ciceros Konsulat 63 v. Chr.*

ōtium: *hier* innerer Frieden

nostrā = *meā* – **audācēs cīvēs:** *meint die Teilnehmer an der Catilinarischen Verschwörung 63 v. Chr.*

triumphus: *meint Ciceros Sieg über die Verschwörer/Catilina* – **cōnferendus,** a, um: vergleichbar

hērēditās: das Erbe – **pertinēre ad:** gehören, zukommen

1 *Vor der Übersetzung:* Definieren Sie, was für Sie Charakterstärke ausmacht; finden Sie dann im ersten Textabschnitt Adjektive/Substantive, die inhaltlich zur Charakterstärke passen.

2 Schlagen Sie die Substantive *scientia, calliditas* und *sapientia* im Wörterbuch nach und erklären Sie Bedeutungsunterschiede.

3 Stellen Sie die Merkmale und Kriterien zusammen, die für Cicero die Charakterstärke definieren; erläutern Sie dabei auch den Zusammenhang mit der *iustitia.*

4 Im zweiten Abschnitt kommt Cicero auf seine eigene politische Leistung zu sprechen: Erklären Sie, inwieweit dies ein Beispiel für Charakterstärke sein kann (oder auch nicht).

5 Das Zitat *»cēdant arma togae, concēdat laurea laudī«* stammt aus einem Lobgedicht (in drei Büchern!), das Cicero über die Erfolge seines Konsulats selbst geschrieben hat. Erklären Sie die Bedeutung des Zitats und seiner Metaphern.

6 *Vokabeln erschließen:* Finden Sie im Text lateinische Wörter, die im Englischen weiterleben, und vergleichen Sie jeweils die Bedeutungen. Sie können in einer Tabelle die Wörter mit gleicher Bedeutung (z. B. *fortitudo* ~ *fortitude*) denen mit anderer Bedeutung (z. B. *honestum* ≠ *honest*) gegenüberstellen.

K Catilina und die Catilinarische Verschwörung

Sergius Catilina stammte aus altem römischem Erbadel, war allerdings hochverschuldet. Er versuchte mehrfach, Konsul zu werden, fiel aber bei den Wahlen immer durch. Als sein Mitbewerber Cicero Konsul geworden war, versuchte Catilina einen Staatsstreich. Unter seinen Mitverschwörern waren viele v. a. junge Leute, die ähnlich wie er verschuldet waren und sich von der Machtübernahme finanzielle und politische Vorteile erhofften. Catilina wurde möglicherweise von Caesar unterstützt und gehörte zur »popularen« Richtung der römischen Politiker. Cicero dagegen vertrat als »Optimat« die Interessen des Senats und der alteingesessenen aristokratischen Elite. Er konnte die Verschwörung aufdecken und militärisch besiegen, was ihm den Ehrentitel *pater patriae* einbrachte. Cicero rühmte sich dieses »Triumphs« bis zu seinem Tod, machte sich dabei allerdings mächtige Feinde.

12. Die vierte Kardinaltugend: Besonnenheit (Cic. off. 1,93–94: A)

Als letzte der vier Kardinaltugenden erläutert Cicero die temperantia (»Mäßigung«). *Gemeint sind hiermit auch so etwas wie innere Harmonie der Seele und Selbstbeherrschung, wie sich aus seinen Ausführungen ergibt. Der Begriff soll die platonische Tugend »Besonnenheit« (griech.* sōphrosýnē*) wiedergeben.*

Sequitur,
ut de una reliqua parte honestatis dicendum sit,
in qua verecundia et temperantia et modestia omnisque
sedatio perturbationum animi et rerum modus cernitur.
Hoc loco continetur id, quod dici Latine ›decorum‹
potest; Graece enim *prépon* (πρέπον) dicitur.
Huius vis ea est, ut ab honesto non queat separari; nam
et id, quod decet, honestum est
et id, quod honestum est, decet.
Qualis autem differentia honesti et decori sit, facilius
intellegi quam explanari potest.
Alles, was sich gehört, wird dann offenbar, wenn die
Ehrenhaftigkeit vorausgegangen ist.
Itaque non solum in hac parte honestatis,
de qua hoc loco disserendum est,
sed etiam in tribus superioribus apparet,
quid deceat. – Nam decet
et ratione atque oratione prudenter uti
et considerate agere, quod agas,
omnique in re videre, quid verum sit, et id tueri;
contra autem falli, errare, labi, decipi
tam dedecet quam delirare et mente captum esse.
Et iusta omnia decora sunt,
iniusta contra tam turpia quam indecora <sunt>.
Similis est ratio fortitudinis.
Quod enim viriliter atque magno animo fit,
id dignum viro et decorum videtur;
quod contra, id tam turpe quam indecorum <est>.

sequitur, ut: es folgt, dass

verēcundia: Anstand(sgefühl)
sēdātiō perturbātiōnum: Beherrschung der (inneren) Unruhe/Leidenschaften – **modus:** Maß(halten)
πρέπον: das, was sich gehört
vīs: *hier* Bedeutung – **quīre,** queō: können

disserere: erörtern, besprechen
superior: *hier* oben genannt
decet: es ist erforderlich
cōnsīderātē: mit Bedacht
lābī: Unrecht tun
dēdecet: es ist unehrenhaft
mente captus: wahnsinnig
ratiō est + *Gen.:* es verhält sich (so) mit
contrā: *etwa* entgegengesetzt

1 *Vor der Übersetzung:* Die vierte Kardinaltugend ist auf Latein und Deutsch nicht leicht zu fassen: Definieren Sie für sich die drei Begriffe »Maß(halten)«, »Besonnenheit«, »Selbstbeherrschung« und beschreiben Sie deren inhaltliche Überschneidungen oder auch Unterschiede.

2 Gliedern Sie den Text in Abschnitte und geben Sie jeweils Zwischenüberschriften.

3 Stellen Sie aus dem Text Ciceros Definitionen für die *temperantia/sōphrosýnē* zusammen und vergleichen Sie dies mit Ihren eigenen Vorstellungen zur »Besonnenheit«.

4 Untersuchen Sie Ciceros Definition und Beispiele für die *temperantia* auf ihre Anwendbarkeit für die Gegenwart und Ihr eigenes Leben.

5 *Wortfamilien:* Im Text finden sich einige Substantive, Adjektive und Verben, die Wortfamilien untereinander oder mit anderen Vokabeln des Lernwortschatzes bilden; stellen Sie diese Wortfamilien und Ableitungen zusammen und erklären Sie danach die Bedeutung der Wörter (z. B. *verēcundia* »Scheu, Anstandsgefühl« < *verērī* »Scheu haben, fürchten, verehren«; die Wurzel *dec-* kommt in mehreren Ableitungsformen vor etc.).

Wortfamilien	Ableitungen	Bedeutung
z. B. verecundia, verum	< vereri	Scheu haben, fürchten, verehren
decus, dedecet, indecora		

Der Konflikt zwischen *utile* und *honestum*

13. In der Praxis sind *utile* und *honestum* verbunden (Cic. off. 2,9–10: C)

Im zweiten Buch seiner Schrift geht Cicero auf die Frage ein, ob das Nützliche und das Ehrenhafte im Widerspruch zueinander stehen können oder nicht doch in Wirklichkeit miteinander verbunden sind: Für einen Römer wie Cicero hängt dies mit dem Begriff des honestum *bzw.* honor *zusammen, d. h. alle großen, auf den ersten Blick selbstlosen Taten bringen Ruhm und Ehre in der Öffentlichkeit ein. Diese öffentliche Anerkennung war für viele Römer der Oberschicht der größte Nutzen, den sie im Leben erlangen konnten.*

Ich habe nun oben fünf Hauptgedanken zum
pflichtgemäßen Handeln (officium) *dargelegt;*
quarum duae <rationes> ad decus honestatemque
pertinent,
duae ad commoda vitae, copias, opes,
quinta <ratio> ad iudicium eligendi,
si quando ea, quae dixi, pugnare inter se viderentur;
itaque *honestatis* pars confecta est,
quam tibi cupio esse notissimam.
Hoc autem, de quo nunc agimus,
id ipsum est, quod ›*utile*‹ appellatur.
In quo verbo lapsa consuetudo deflexit de via
sensimque eo deducta est,
ut *honestatem* ab *utilitate* secernens
constitueret
esse honestum aliquid,
quod utile non esset,
et utile <esse aliquid>,
quod non honestum;
sed nulla pernicies maior hominum vitae potuit afferri.
Philosophi quidem summa auctoritate haec tria genera
confusa cogitatione distinguunt.
Ii, qui hoc parum perspiciunt,

ratiō: *hier* Hauptgedanke

pertinēre ad: sich beziehen auf, umfassen

iūdicium ēligendī: Kriterium für die Entscheidung – **sī:** für den Fall, dass – **quandō** = *aliquandō*

cōnfectus, a, um: abgeschlossen

agere dē: etwas be-/abhandeln

lāpsus, a, um: irrtümlich, fälschlich – **cōnsuētūdō:** *hier* Sprachgebrauch – **sēnsim:** unmerklich

cōnstituere: *hier* bestimmen, definieren

tria = *ūtile, iūstum, honestum* – **cōnfūsus,** a, um: verworren, falsch – **distinguere:** voneinander trennen – **parum:** zu wenig, nicht saepe versutos homines et callidos admirantes malitiam iudicant ›sapientiam‹.

Quorum error eripiendus est;

opinioque omnis ad eam spem traducenda,

ut intellegant

se non fraude et malitiā ea,

quae velint,

consequi posse,

sed honestis consiliis iustisque factis.

versūtus, a, um: durchtrieben
callidus, a, um: listig

fraus, fraudis *f.*: Betrug

cōnsequī: erreichen – **cōnsilium:** *hier* Plan – **factum:** Tat, Handlung

1 *Vor der Übersetzung:* Cicero arbeitet in seiner Darlegung mit positiv und negativ »konnotierten« (~ mit einer solchen Nebenbedeutung) Begriffen. Weisen Sie die entsprechenden Substantive und Adjektive im Text nach und erstellen Sie eine Tabelle hierzu.

2 Gliedern Sie den Text und geben Sie den Abschnitten jeweils Zwischenüberschriften.

3 Weisen Sie die unterschiedlichen Sichtweisen zum (angeblichen) Konflikt zwischen *utile* und *honestum* im Text nach.

4 Vergleichen Sie Ciceros Auffassung, dass *utile* und *honestum* einander nicht ausschließen, sondern sogar untrennbar seien, mit modernen Sichtweisen: Finden Sie mögliche Beispiele aus dem heutigen Leben, die Ciceros Sicht bestätigen oder widerlegen.

S Konjunktive übersetzen: indirekte Rede und AcI

a) Indirekte Fragen: Hier steht in der Regel der Konjunktiv, den man in der deutschen Übersetzung meist mit Indikativ wiedergibt:

omnes vident, quid verum sit:
alle sehen, was das Wahre/die Wahrheit ist

b) Indirekte Rede und vergleichbare Fälle: Lateinische Nebensätze, die innerhalb der indirekten Rede stehen oder von einem AcI abhängig sind, stehen in der Regel im Konjunktiv: Teilweise kann man die entsprechenden Prädikate im Deutschen ebenfalls als Konjunktiv übersetzen:

dixit aliquid esse honestum, quod utile non esset:
»er sagte, ehrenvoll sei etwas, das nicht nützlich ist/sei« (indirekte Rede)

Aber:

intellegit se non fraude id, quod velit, consequi posse:
»er erkennt, dass er nicht durch Betrug das erreichen kann, was er will« (AcI)

14. Was bedeutet eigentlich »nützlich«?

Definitionslücken bei Cicero: Was bedeutet eigentlich »nützlich«?

Cicero widmet dem Begriff *utile* bzw. *utilitas* (in Verbindung mit *honestum/honestas*) immerhin ein ganzes Buch in seiner Schrift *De officiis.* Wie die bisher behandelten Textstellen zeigen, formuliert Cicero gern komplexe Definitionen für bestimmte Begriffe und Gegensätze. Eine Definition des für Buch II relevanten Begriffs *utile/utilitas* sucht man allerdings vergeblich! Dies zeigt seine letztlich eher politisch und rhetorisch, weniger philosophisch geprägte Perspektive. Zu fragen wäre hier nämlich:

- nützlich für wen?
- was kann nützlich sein?
- nützlich wozu?

Einige von Cicero nicht explizit definierte Kriterien für das Nützliche finden sich dann zumindest implizit in den Beispielen des zweiten Buches von *De officiis:*

- für wen: nützlich für den Staatsmann
- was: nützlich sind Wohlstand, Sicherheit, politischer und militärischer Erfolg
- wozu: nützlich, um Sympathie und Einfluss bei Mitmenschen zu erlangen

Dies sind eigentlich typische Adiaphora innerhalb der stoischen Lehre, d.h. sie tragen nicht wirklich zur *vita beata* bei, sondern sind allenfalls äußere Güter. Allerdings sind die Beispiele ganz aus der Perspektive von Vertretern der römischen Oberschicht gedacht, die politisch und militärisch aktiv sind.

»Erreichen können, was man will«: Wirklich ein gutes Lebensziel?

Am Ende des vorangegangenen Abschnitts sprach Cicero von dem Ziel, alles erreichen zu können, was man wolle *(quae velint, consequi posse).* Aus philosophischer Sicht ist allerdings zu fragen, ob dies überhaupt ein ethisch vertretbares Lebensziel sein kann. Gemäß der stoischen Lehre stellt sich die Frage nicht wirklich, denn das Schicksal *(fatum)* bestimmt dem Einzelnen sein Leben vorher. Zugleich sorgt die *providentia* (»Vorsehung«) dafür, dass alles immer zum Besten des Einzelnen geschieht, auch wenn er dies nicht unbedingt erkennen mag. Das im stoischen Sinne »Nützliche« ist also nicht unbedingt das, was der Einzelne subjektiv betrachtet erreichen möchte bzw. das, was ihn dorthin führt.

Etwas weiter im zweiten Buch schreibt Cicero (Cic. off. 2,19):

> *quibus rationibus hanc facultatem assequi possimus, ut* ***hominum studia complectamur*** *eaque teneamus, dicemus*
> »wir werden darlegen, mit welchen Mitteln wir die Fähigkeit erreichen können, die **Sympathie unserer Mitmenschen zu erlangen** und zu behalten«

Hier konkretisiert Cicero am Beispiel der Sympathie und Anerkennung durch die Mitmenschen, was er mit *consequi posse* meint. Dies zeigt zum einen den Widerspruch zur stoischen Philosophie, die den Einzelnen gerade von Sympathie und Anerkennung unabhängig machen will. Zum anderen ist aber auch aus moderner ethischer Perspektive dieses Ziel problematisch: Wer grundsätzlich Akzeptanz oder gar Sympathie bei seinen Mitmenschen erreichen möchte, ist kaum in der Lage, Überzeugungen gegen den Mainstream zu vertreten oder gar unpopuläre, aber gesellschaftlich oder politisch notwendige Entscheidungen durchzusetzen. Somit ergibt sich sogar innerhalb von Ciceros eigener Logik ein Widerspruch zur Kardinaltugend der *fortitudo* bzw. Charakterstärke: Hierzu gehört – zumindest nach moderner Vorstellung – der Mut zu Einstellungen und Entscheidungen, die man zwar für ethisch oder politisch geboten hält, die aber nicht unbedingt öffentliche Sympathie einbringen.

Die Beispiele und Textstellen machen klar, worauf Ciceros Argumentation letztlich fußt: Zwar ist er durchaus von stoischen Vorstellungen beeinflusst, aber letztlich argumentiert er vor allem auf der Grundlage römisch-aristokratischer Wertvorstellungen. Das bedeutet in der Praxis: Öffentliche Anerkennung im Sinne von Ruhm und Ehre (lat. *honor, gloria, memoria*) bleibt für Cicero ein zentraler Maßstab in seiner Darstellung der Tugenden.

Ist das Leben wirklich »gerecht«?

Wie Cicero seinem Lesepublikum klarzumachen versucht, gibt es keinen Widerspruch zwischen *utile* und *honestum*. Die Beispiele in Buch II sollen zeigen, dass ungerechtes bzw. unethisches Handeln am Ende immer bestraft werde; gutes bzw. ethisches Handeln dagegen zahle sich (laut Cicero) am Ende immer aus und bringe vor allem natürlich oft Ruhm *(~ honestum/honor)*. Es stellt sich aber auch hier die Frage, ob dies überhaupt stimmt. Weder in der gesellschaftlichen noch der politischen Realität geht es immer »gerecht« zu bzw. setzt sich das Gerechte am Ende immer durch. Cicero selbst geht es jedenfalls primär um das Ziel des erfolgreichen Redners und Politikers.

1 **Recherchieren Sie die Bedeutung des Begriffs »utilitaristisch« und untersuchen Sie Ciceros Vorstellung des *utile* auf utilitaristische Elemente.**

2 **Wiederholen Sie den Begriff der Adiaphora und des *summum bonum* in der Stoa (s. o. S. 16–17): Gleichen Sie damit Ciceros Beispiele für nützliche und ehrenvolle Taten ab.**

3 **Finden Sie moderne Beispiele aus Alltag oder Politik, die Ciceros Vorstellung, ethisches bzw. »gutes« Handeln zahle sich am Ende immer aus, zumindest in Frage stellen.**

Praktische Beispiele für die Kardinaltugenden

15. Ist Tyrannen-Mord erlaubt? (Cic. off. 3,19; 32: A/B)

Die Schrift De officiis *stand immer noch unter dem Eindruck von Caesars Ermordung nur wenige Monate zuvor. Für Cicero war Caesar ein Gewaltherrscher und Zerstörer der Republik. In seinen Schriften und Reden diskutiert Cicero mehrfach die Frage, ob ein Tyrannenmord legitim sei. Cicero bejaht diese Frage und gibt hierzu das Beispiel des sizilischen Tyrannen Phalaris (6. Jh. v. Chr.), der viele Menschen grausam gefoltert und getötet hat.*

Oft ergibt sich aufgrund der Zeitumstände, dass etwas, was man normalerweise für moralisch schlecht hält, sich dann doch als akzeptabel herausstellt. Hierzu ein Beispiel (Tyrannenmord):

Quod potest esse maius scelus quam non modo hominem, sed etiam familiarem hominem occīdere? Num igitur se adstrinxit scelere, si qui tyrannum occīdit quamvis familiarem?

Das aufgrund seiner Geschichte und Taten ruhmreiche römische Volk jedenfalls ist hier anderer Meinung und akzeptiert eine solche Tötung.

Vicit ergo utilitas honestatem? Immo vero honestas utilitatem secuta est. Itaque, ut sine ullo errore diiudicare possimus, formula quaedam constituenda est; quam si sequemur in comparatione rerum, ab officio numquam recedemus.

Nam quod ad Phalarim attinet, perfacile iudicium est. Nulla est enim societas nobis cum tyrannis et potius summa distractio est; neque est contra naturam spoliare eum, quem necare honestum est;

und diese ganze kranke und grausame Sorte Mensch muss aus der menschlichen Gemeinschaft ausgetilgt werden.

familiāris: vertraut, bekannt

sē adstringere, -stringō, -strīnxī, -strictum + *Abl.:* sich zuschulden kommen lassen

Die **Tötung** *spielt auf Caesars Ermordung 44 v. Chr. an* – **īmmō vērō:** nein im Gegenteil

formula: Maßgabe, Kriterium

recēdere ab: abweichen/sich entfernen von – **quod attinet ad:** was ... angeht – **per-:** sehr – **Phálaris:** *ließ seine Gegner bei lebendigem Leibe in einem bronzenen Stier rösten* – **distrāctiō:** Entfernung, Verschiedenheit – **spoliāre:** *hier* absetzen

Etenim,

ut membra quaedam amputantur, si sanguine et spiritu carere coeperunt et nocent reliquis partibus corporis, *sic* istă in figura hominis feritas et immanitas beluae a communi humanitate segreganda est.

spīritus, ūs: Leben(sgeist)
carēre + *Abl.:* nicht (mehr) haben
figūra: Gestalt
immānitās: Grausamkeit
sēgregāre: entfernen, beseitigen

1 *Vor der Übersetzung:* **Informieren Sie sich über den Begriff »Tyrannenmord«.**

2 **Cicero arbeitet in dem Textabschnitt mit einigen Formulierungen, die das Lesepublikum emotional beeinflussen sollen: Weisen Sie solche emotionalisierenden und stark wertenden Ausdrücke im Text nach.**

3 **Erörtern Sie, ob oder nach welchen Kriterien ein Tyrannenmord gerechtfertigt sein könnte: Wie »grausam« muss ein Diktator bzw. Gewaltherrscher sein und wo wäre die Grenze der »Grausamkeits-Skala«? Sie können dazu ganz praktisch als Diktatoren geltende Personen heranziehen wie Mussolini, Franco, Hitler, Stalin, Sadam Hussein, Kim Jong-un u. a.**

K Das Hitler-Attentat und seine Nachwirkung

Am 20.07.1944 versuchte eine Gruppe deutscher Offiziere, Adolf Hitler mithilfe eines Bombenattentats zu töten. Der Anschlag misslang, und die Verschwörer wurden anschließend hingerichtet. Im Falle seines Gelingens wäre dies eins der eindrucksvollsten Beispiele für einen (gerechten?) Tyrannenmord der neueren Geschichte gewesen. Heute ist dieses Datum in der Bundesrepublik ein wichtiger Gedenktag und ein Beispiel für den Kampf gegen eine Diktatur.

Allerdings wurde das Attentat keineswegs immer positiv beurteilt: In der frühen (West-)BRD gab es vielfach die Auffassung, die Attentäter seien »Vaterlandsverräter« gewesen; in der DDR galten die Attentäter offiziell als »Agenten des US-Imperialismus«. Für die Kirchen war das Attentat ein aus christlicher Sicht verdammenswerter »Mordversuch«. Erst 1952 wurde der 20. Juli unter Kanzler Adenauer (CDU) gegen viele Widerstände zum offiziellen Gedenktag in Westdeutschland. Es dauerte aber viele weitere Jahre, bis sich zumindest in Westdeutschland eine positive Bewertung dieses Tötungsversuchs in der Gesellschaft durchsetzte.

Nach dem Zweiten Weltkrieg hat es im Übrigen auch immer wieder politisch motivierte Tötungsaktionen verschiedener Staaten und Geheimdienste gegeben, um »feindliche« Staatsführer oder Politiker »auszuschalten«. Auch hier ist die moralische und politische Bewertung naturgemäß kontrovers: Handelt es sich um illegitimen »Staatsterrorismus« oder ein notwendiges Mittel, um »eigene Interessen« bzw. die »Freiheit« zu verteidigen? Als moralische Begründung gilt immer: Der Mord an dem einen Verbrecher verhindert viele andere Morde durch diesen Verbrecher.

16. Die Rechte von Ausländern im Staat (Cic. off. 3,27–28: B/C)

Im römischen Staat gab es seit dem 3. Jh. v. Chr. eine große Zahl auswärtiger Bewohner ohne römische Staatsangehörigkeit. Es handelte sich hierbei um andere Italiker, Griechen, Juden oder Bürger keltisch-gallischer Herkunft. Cicero betont in seiner Schrift aus stoischer Perspektive die Respektierung der Rechte solcher Ausländer im römischen Gemeinwesen:

Gemäß der Natur muss das für alle Vorteilhafte auch im allgemeinen gesellschaftlichen Interesse sein.
Quod si ita est,
omnes continemur unā et eādem lege naturae,
et certe violare alterum naturae lege prohibemur.

prohibēre: hindern, verbieten

Qui autem civium rationem dicunt habendam,
  externorum <rationem habendam esse> negant,
ii dirimunt communem humani generis societatem;
quā sublatā beneficentiā, liberalitas, bonitas, iustitia
funditus tollitur;
quae qui tollunt, etiam adversus deos immortales impii
iudicandi sunt.
A deis enim constitutam inter homines societatem
evertunt;
cuius societatis artissimum vinculum est
arbitrari *(+ AcI)*
  magis esse contra naturam *(+ AcI)*
    hominem homini detrahere sui commodi causā
  quam subire omnia incommoda vel externa vel
          corporis vel etiam ipsius animi.
Iustitia enim una virtus omnium est domina et regina
virtutum.

cīvis: *hier speziell* römische/r Mitbürger/in – **ratiōnem habēre** + *Gen.*: Rücksicht nehmen auf – **externus,** a: Ausländer/in – **dīrimere:** beseitigen

funditus *Adv.*: von Grund auf

ēvertere: zerstören

artus, a, um: eng – **vinculum:** Zusammenhalt – **est** + *Inf.*: *hier etwa* besteht darin zu ...

dētrahere: etwas wegnehmen, rauben – **commodum:** Vorteil – **subīre:** auf sich nehmen – **incommodum:** Nachteil

1 *Vor der Übersetzung:* **Weisen Sie typische römische oder auch stoisch-philosophische Wertbegriffe im Text nach.**

2 **Arbeiten Sie aus dem Text heraus, wie Cicero den rechtlichen Schutz ausländischer Mitbürger begründet.**

3 **Vergleichen Sie Ciceros Ausführungen und Maßgaben mit aktuellen gesellschaftlichen und politischen Diskussionen zur Rechtsstellung ausländischer Mitbürgerinnen und Mitbürger; beachten Sie dabei auch die im aktuellen Diskurs oft gemachte Unterscheidung nach den jeweiligen Herkunftsländern.**

K Die Römer als Ausländer in Italien und Ausländer in Rom

Unter den antiken Stadtstaaten des Mittelmeerraums nimmt Rom von Anfang an eine Sonderstellung ein: Anders als z. B. Athen definierte Rom seine eigene Identität nicht durch eine ethnisch reine Abkunft von einem römischen Urvolk; stattdessen betonten die Römer ihre gemischte Identität, die sich aus der Synthese von trojanischen Flüchtlingen (Aeneas) aus dem kleinasiatischen Phrygien (in der heutigen Türkei) und den einheimischen *Aborīginēs* (bzw. *Latīnī*) sowie den bei Rom siedelnden Sabinern und Etruskern ergab. Insofern verstanden sich die Römer zumindest teilweise als zugewanderte Ausländer in Italien.

Außerdem kamen seit ca. 300 v. Chr. mit der römischen Expansion viele Ausländer aus dem griechisch-süditalischen Kulturraum nach Rom und begründeten dort die römische Literatur in lateinischer Sprache. Das erste römische »National-Epos« in lateinischer Sprache stammte von Ennius aus Apulien, der vermutlich zweisprachig oskisch-griechisch aufwuchs und dann Latein als Fremdsprache lernte. Ebenso haben die meisten anderen frühen lateinischen Autoren wie Livius Andronícus (Grieche), Plautus (Osker) oder Terenz (Afrikaner) Latein wohl erst nachträglich gelernt, dann aber ihre Werke in dieser Fremdsprache geschrieben.

In der ausgehenden Republik kamen dann viele Kelten aus Gallien nach Rom und erhielten dort römisches Bürgerrecht. Cicero selbst war mit vielen Griechen befreundet, die als Ausländer in Rom lebten. Er selbst stammte im Übrigen auch nicht aus Rom, sondern dem ca. 100 km entfernten Arpinum, das ursprünglich einmal als »Ausland« für die Stadtrömer gegolten hatte.

Trotz dieser großen Internationalität Roms waren keineswegs alle alteingesessenen Römer besonders ausländerfreundlich, wie sich indirekt aus Ciceros Textpassage ergibt *(... externorum ... negant).* Im Gegenteil gibt es noch in der Kaiserzeit einige römische Autoren, die die (angeblich) zu vielen Ausländer in der Stadt und eine daraus (angeblich) entstehende »Überfremdung« kritisieren wie etwa der Satirendichter Juvenal (ca. 100 n. Chr.).

17. Gyges und der Ring: Ehrlichkeit vs. Betrug (Cic. off. 3,38–39: A/B)

Ein anderes Beispiel für die (vermeintliche) Vereinbarkeit von utile *und* honestum *ist für Cicero die Geschichte des lydischen Hirten Gyges, der mithilfe eines magischen Rings zum König aufsteigt:*

Wenn wir in der Philosophie einigen Fortschritt gemacht haben, müssen wir immer beherzigen, dass wir niemals etwas habgierig, ungerecht, wollüstig oder ohne Selbstbeherrschung tun dürfen, selbst wenn dies vor Göttern und Menschen unentdeckt bliebe. Als (abschreckendes) Beispiel führt Platon den Gyges an,

qui,
cum terră discessisset magnis imbribus,
descendit in illum hiatum
aēneumque equum, ut ferunt fabulae, animadvertit,
cuius in lateribus fores essent;
quibus apertis
corpus hominis mortui vidit
magnitudine inusitata anulumque aureum in digito;
quem ut detraxit, ipse induit
(erat autem regius pastor),
tum in concilium pastorum se recepit.
Ibi cum palam eius anuli ad palmam converterat,
a nullo videbatur, ipse autem omnia videbat.
Idem rursus videbatur,
cum in locum anulum inverterat.
Itaque hac opportunitate anuli usus
reginae stuprum intulit
eāque adiutrice regem dominum interemit.
Sustulit eos, quos obstare arbitrabatur,
nec quisquam eum in his facinoribus potuit videre.
Sic repente anuli beneficio rex Lydiae factus est.
Hunc igitur ipsum anulum si habeat sapiens,

discēdere, -cēdō, -cessī, -cessum: sich spalten/öffnen – **imber,** imbris: Regenguss – **hiātus:** Abgrund, Erdspalte – **aēneus,** a, um: aus Bronze
foris: Öffnung, Tür

ānulus: Ring

ut + *Ind. Pf.*: als – **induere:** anlegen, anziehen

pala: Fassung *eines Rings*
palma: Handfläche

locus: *hier* die <frühere> Stelle
ūsus < ūtī: gebrauchend, mithilfe
stuprum īnferre + *Dat.*: Sex haben mit

adiūtrīx, īcis: Helferin
interimere, -imō, -ēmī, -ēmptum: töten, beseitigen

nihil *plus* peccare sibi licere putet,
quam si non haberet;
honesta enim a bonis viris, non occulta quaeruntur.

1. ***Vor der Übersetzung:* Überlegen Sie, welche Wirkung ein magischer Ring vermutlich hat (vgl. Tolkiens *Herr der Ringe*). Gehen Sie dann den lateinischen Text mithilfe der Vokabelhilfen durch und erschließen Sie zunächst den groben Inhalt (bis *factus est*).**
2. **Beschreiben Sie die Erzählweise und weisen Sie die Technik zum Spannungsaufbau nach.**
3. **Charakterisieren Sie den Gyges und beurteilen Sie sein Verhalten nach Ciceros Kriterien (*utile, iustum, honestum*); erstellen Sie auch eine Skala »weniger« bis »sehr schlimm« für jede Tat.**

Abb. 10: Gyges

S Relativische Satzverschränkung mit AcI angemessen übersetzen

Relativsätze und AcI können im Lateinischen miteinander verbunden sein, was dann oft schwierig im Deutschen wiederzugeben ist:

Gyges necavit eos, quos obstare arbitrabatur.

Hier hängt von *arbitrabatur* der AcI *quos* ***obstare*** ab, d.h. das Relativpronomen bildet zugleich den Subjektsakkusativ. Denkbar sind folgende Übersetzungsmöglichkeiten:
a) »Gyges tötete die, von denen **er glaubte,** dass sie im Wege stünden«
b) »Gyges tötete die, die – **wie er glaubte** – im Wege standen«
c) »Gyges tötete die, die **seiner Meinung nach** im Wege standen«.

18. Die philosophische Deutung der Gyges-Geschichte (Cic. off. 3,39: C)

Cicero ist ein großer Gegner der Epikureer. Für die Epikureer steht die »Lust« (lat. voluptas*) und damit nach Cicero der vordergründige Nutzen scheinbar im Mittelpunkt. Daher macht Cicero hier ein Gedankenspiel zur Gyges-Geschichte aus epikureischer Perspektive: Für die Epikureer sollte Gyges' Verhalten theoretisch »nützlich«, d.h. vertretbar sein; andererseits vertraten auch die Epikureer den Grundsatz, alles Handeln müsse ethisch gut sein.*

Atque hoc loco philosophi quidam (minime mali, sed
non satis acuti) fictam fabulam prolatam dicunt a
Platone, quasi ille aut factum id esse aut fieri potuisse
defendat. *Dagegen ist doch auch für Platon-Leser klar,*
dass die Geschichte erfunden ist.

> **philosophī** *meint hier die Epikureer* – **acūtus,** a, um: scharfsinnig – **fictus,** a, um: erfunden
> **ille** = *Platō*

Haec est vis huius anuli et huius exempli:
si nemo sciturus, nemo ne suspicaturus quidem sit,
cum aliquid divitiarum, potentiae, dominationis,
libidinis causā feceris,
si id deis hominibusque futurum sit semper ignotum,
sisne facturus?

> **vīs:** Bedeutung, Sinn
> **libīdō,** inis *f.*: Lust(gewinn) *als epikureisches höchstes Gut*

<Epicurei> negant id fieri posse.
Id quidem ita esse potest,
aber ich frage die Epikureer eben, was sie unternehmen
würden, wenn es doch möglich wäre. Doch sie
verweigern die Antwort und sagen, sie würden eben nie
unrecht handeln.
Negant enim posse et in eo perstant.
Cum igitur quaerimus,
quid facturi sint,
si celare possint,
non quaerimus, possintne celare;
sed tamquam tormenta quaedam adhibemus,
nam:
si respondent se impunitate propositā facturos,
quod expediat,

> **posse:** *meint hier die Möglichkeit, unentdeckt Unrecht zu tun*
> **tamquam:** gewissermaßen
> **tormentum:** Folterzange
> **impūnitāte prōpositā:** bei vorausgesetzter Straffreiheit – **expedit:** es ist nützlich

facinorosos se esse fatentur;
sin autem <affirmant se utilia, sed <negant se> turpia facturos>,
omnia turpia per se ipsa fugienda esse concedant.

facinorōsus: Übeltäter
fatērī: bestätigen, zugeben

fugere: meiden
concēdere: zugeben, einräumen

1 *Vor der Übersetzung:* **Informieren Sie sich über Epikurs Lust-Konzept (s. u.; vgl. auch oben S. 17); bewerten Sie selbst die Gyges-Geschichte aus epikureischer Perspektive.**

2 **Cicero scheint hier mit der Frage: *»si nemo sciturus ... sisne facturus?«* ein fiktives epikureisches Lesepublikum zu apostrophieren: Erörtern Sie, ob nicht auch für einen »normalen« römischen Politiker zur Zeit Ciceros (z. B. Caesar, Pompeius, Cato d. J. u. ä.) die Frage sinnvoll wäre und wie sie jeweils geantwortet oder sogar gehandelt hätten.**

3 **Letztlich stellt sich die Frage, ob die Gyges-Geschichte überhaupt ein gutes argumentatives Beispiel für Ciceros These ist, das »Nützliche« könne nicht vom »Ehrenvollen« getrennt werden. Erörtern Sie, ob Verhalten und Leben des Gyges nicht doch am Ende als sowohl *utile* wie auch *honestum* gelten könnte.**

4 **Cicero hat die Gyges-Geschichte von Platon übernommen. Allerdings kursierten noch andere Versionen derselben Geschichte in der Antike: Vergleichen Sie Ciceros Version mit der älteren von Herodot überlieferten Variante (s. u.).**

Äußerungen Epikurs zur Lust

Kýriai dóxai 2, 5, 18

- Es ist nicht möglich, mit »Lust« zu leben, ohne besonnen und gut und gerecht zu leben; auch ist es nicht möglich, besonnen und gut und gerecht zu leben ohne »Lust«.
- Die »Lust« im Fleisch wächst nicht mehr, sobald einmal der Schmerz durch Mangel beseitigt ist, sondern sie wird nur variiert.
- Die unbegrenzte Zeit enthält die gleiche »Lust« wie die begrenzte, wenn man die Grenzen der »Lust« mit Vernunft bemisst.

Brief an Menoikeus 129–130

Auch wenn die »Lust« unser erstes und angeborenes Gut ist, wählen wir doch nicht jede »Lust«, sondern verzichten manchmal auf viele Lustempfindungen, wenn eine größere Unannehmlichkeit daraus folgt. Auch viele Schmerzen halten wir für besser als Lustempfindungen, wenn eine größere Lust für uns folgt, nachdem wir lange die Schmerzen ertragen haben. Jede »Lust« ist also von ihrer eigentlichen Naturanlage her ein Gut, aber nicht jede »Lust« ist immer erstrebenswert; wie auch jeder Schmerz ein Übel ist, aber nicht jeder von seiner Natur her gemieden werden muss.

K Der lydische König Gyges und die Lyder

Zwar vermittelt der Cicero-Text den Eindruck, die Gyges-Geschichte sei eine Erfindung Platons. Allerdings war König Gyges selbst eine historische Figur: Er lebte im 7. Jh. v. Chr. und regierte über Lydien im westlichen Kleinasien (heute Türkei). Die Hauptstadt von Lydien war Sardeis. Die lydische Sprache war wie Griechisch, Latein oder Deutsch eine indogermanische Sprache und ähnelte anderen kleinasiatischen Sprachen, die um Troja herum gesprochen wurden (Luwisch, Hethitisch).

Vermutlich beseitigte Gyges den zuvor regierenden lydischen König Kandaules und begründete eine eigene Dynastie, der der bekannte König Kroisos (bzw. Krösus; 6. Jh. v. Chr.) entstammte. Unter Kroisos umfasste das lydische Reich den gesamten Westen der heutigen Türkei. Lydien galt in der Antike als besonders reiches Land, was nicht zuletzt mit den Goldvorkommen dort zusammenhängt. Eine bis heute wichtige wirtschaftliche Neuerung der Lyder war im 7. Jh. v. Chr. – also unter Umständen zur Zeit des Gyges – die Erfindung des (Münz-)Geldes, das im Laufe der Geschichte den Tauschhandel immer mehr ersetzte.

Abb. 11: Lydische Münzen aus dem 6. Jh. v. Chr.

Der griechische Geschichtsschreiber **Herodot** (5. Jh. v. Chr.) überliefert in seinem Werk (*Historien* 1,8–13) ebenfalls die Geschichte von Gyges' Machtübernahme, allerdings etwas anders als Platon und Cicero:

Laut Herodot war der lydische König Kandaules mehr als üblich in seine schöne Frau verliebt. Er berichtete seinem treuen Leibwächter Gyges immer wieder von den körperlichen Reizen seiner Frau, doch Gyges waren diese Erzählungen eher peinlich und unangenehm. Kandaules sagte zu Gyges: »Mein lieber Gyges, ich habe den Eindruck, du glaubst mir nicht, wenn ich dir die erotischen Reize meiner Frau beschreibe.« Schließlich nötigte Kandaules ihn, seiner Frau heimlich beim Ausziehen zuzuschauen, um sie nackt zu sehen; er sagte: »Die Ohren sind weniger zuverlässig als die Augen für den Menschen. Sieh daher zu, dass du meine Frau einmal nackt zu sehen bekommst!« Gyges schrie zwar empört auf und antwortete: »Mein König, mit ihrem Kleid zieht eine Frau auch ihren Anstand aus.« Aber Kandaules versprach ihm, es so einzurichten, dass er unbemerkt bliebe. Gyges sollte sich einfach im Schlafzimmer hinter die halboffene Tür stellen und die Königin beim Auskleiden beobachten. Gyges ging nun darauf ein, aber der Königin blieb dies nicht verborgen. Sie stellte ihn am nächsten Tag zur Rede: Da sie sich in ihrer Ehre verletzt fühlte, forderte sie von Gyges entweder zu sterben oder seinerseits den Kandaules zu töten, selbst König zu werden und sie zur Frau zu nehmen. Gyges wählte natürlich lieber Leben, Frau und Königsherrschaft.

Zwar war Gyges eigentlich ein Usurpator, d.h. unrechtmäßiger König, allerdings bestätigte das Orakel von Delphi seine Herrschaft nachträglich. Zum Dank hierfür stiftete Gyges dem Apollon-Heiligtum von Delphi wertvolle Weihegeschenke, die man offenbar noch später zu Herodots Zeit besichtigen konnte.

Gyges führte laut Herodot Kriege gegen einige griechische Städte im westlichen Kleinasien und konnte dabei offenbar einige ionische Gebiete unter seine Herrschaft bringen. Er verkaufte oder vermietete auch griechische Söldner aus den von ihm beherrschten Gebieten an den ägyptischen Pharao, was laut Herodot seinen Reichtum begründete. Insgesamt regierte Gyges 38 Jahre – für die antike Lebenserwartung eine lange Zeit.

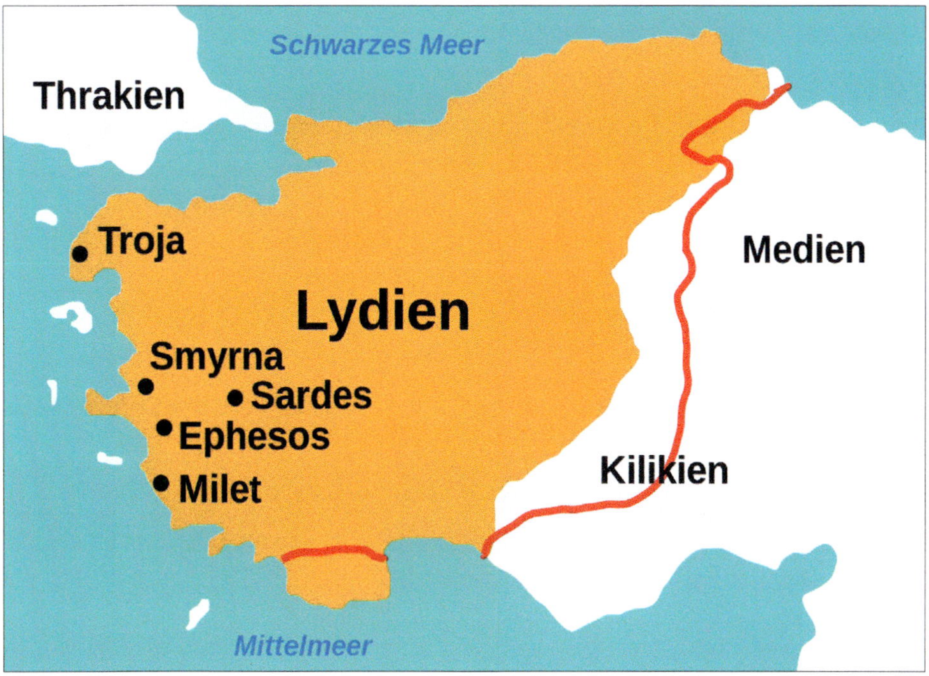

Abb. 12: Das Lyder-Reich im 6. Jh. v. Chr.

19. Odysseus' Tricks vor der Abfahrt nach Troja (Cic. off. 3,97–99: A)

Eins der letzten Praxis-Beispiele aus dem dritten Buch behandelt Odysseus: Eigentlich hatte er keine Lust, am Trojanischen Krieg teilzunehmen, und täuschte Wahnsinn bei der Abfahrt nach Troja vor. Allerdings erkannte der genauso schlaue Grieche Palamedes den Trick, so dass der arme Odysseus dann doch nolens volens *mitfahren musste …*

Tragoediae insimulant eum simulatione insaniae militiam subterfugere voluisse.

Non erat **honestum** consilium, at **utile** (sicut aliquis fortasse dixerit) regnare et Ithacae vivere otiose cum parentibus, cum uxore, cum filio.

Tu putas ullum decus in cotidianis laboribus cum hac tranquillitate conferendum <esse>?

Ego vero arbitror istam <tranquillitatem> contemnendam et abiciendam, quoniam <tranquillitas>, quae honesta non sit, ne utilis quidem sit.

Quid enim Ulixem auditurum fuisse putas, si in illa simulatione perseverasset?

Qui, cum maximas res gesserit in bello, tamen haec audit ab Aiace:

»*Odysseus schwor zuerst den Eid und brach ihn dann als Einziger, begann im Wahn zu rasen und sich zu verstellen, um nicht nach Troja mitfahren zu müssen. Hätte nicht der schlaue Palamedes die freche Täuschung erkannt, hätte sich der Betrug am heiligen Eid noch ewig fortgesetzt.*«

Ulixi vero *melius* fuit non modo cum hostibus, verum etiam cum fluctibus (id quod fecit) dimicare *quam* deserere Graeciam consentientem ad bellum barbaris inferendum.

īnsimulāre + *AcI:* beschuldigen

dīxerit = *dīcat:* Potentialis
Ithacae: *Lokativ* auf Ithaka

decus: anständige Tat

cōnferendus, a, um: vergleichbar

abicere: ablehnen

audītūrum fuisse: *Irrealis in indirekter Rede:* (er) hätte gehört – **persevērāre:** fortfahren, weitermachen

audit: *hier etwa* (er) muss sich anhören/sagen lassen – **Aiax,** *Gen.* Aiacis: griechischer Held – **»Odysseus …«:** *Zitat aus einer alten lateinischen Tragödie*

dimicāre: kämpfen

cōnsentīre ad: (gemeinsam) beabsichtigen zu – **bellum īnferre** + *Dat.:* Krieg beginnen mit

1 *Vor der Übersetzung:* Recherchieren Sie, worin der vorgetäuschte Wahnsinn des Odysseus konkret bestand.

2 Das Beispiel soll den (vermeintlichen) Unterschied zwischen *utile* und *honestum* illustrieren: Stellen Sie tabellarisch die Punkte in der Odysseus-Geschichte zusammen, die man jeweils als (vordergründig/langfristig) »nützlich« und als »ehrenvoll« verbuchen kann.

3 Im Gesamturteil meint Cicero, es sei für Odysseus besser (*melius*) gewesen, doch am Trojanischen Krieg teilzunehmen: Erörtern Sie diese These *pro* und *contra;* dazu sollten Sie auch die langfristigen Folgen der Kriegsteilnahme für Odysseus und seine Familie mit einbeziehen.

4 *Wortschatz:* Stellen Sie die lateinischen Wörter zusammen, die in deutschen Fremdwörtern oder englischen Latinismen fortleben, und gleichen Sie jeweils die lateinische und neusprachliche Bedeutung ab.

K Odysseus – ein ambivalenter »Held«

In der antiken Literatur erscheint Odysseus zum Teil als positiver Held, zum Teil aber auch als intriganter Bösewicht. Bei Homer – v. a. in der Odyssee – ist Odysseus zwar durchaus schlau und auf seinen Vorteil bedacht, aber im Ganzen eine positiv gezeichnete Heldenfigur. Er trägt maßgeblich zum Sieg der Griechen über Troja bei und tritt als liebender Ehemann und Vater auf. In der griechischen Tragödie und bei dem römischen Dichter Ovid dagegen begegnen wir den dunklen Seiten des Odysseus: In diesen Werken wird z. B. die Beteiligung des Odysseus an der Ermordung des Palamedes oder sein grausames Verhalten gegenüber den versklavten Trojanerinnen nach dem Trojanischen Krieg hervorgehoben.

Abb. 13: Palamedes und Odysseus (Wandteppich 17. Jh.)

Was macht den Menschen aus?

20. Der Mensch als rationales Wesen (Cic. off. 1,11–14: zweispr.)

Relativ am Anfang seiner Schrift gibt Cicero eine deutliche Antwort auf die Frage, was den Menschen im Unterschied zu den übrigen Lebewesen ausmacht, nämlich die Vernunft bzw. Intelligenz (ratiō) *und ethisches Handeln* (honestum).

Homo autem, quod rationis est particeps, per quam consequentia cernit, causas rerum videt (...), facile totius vitae cursum videt ad eamque degendam praeparat res necessarias	Der Mensch aber sieht, weil er Anteil an der Vernunft hat, durch die er die Folgen erfasst, die Ursachen der Dinge (...); leicht sieht er den Verlauf des ganzen Lebens und verschafft sich das Notwendige zu seiner Bewältigung.
Eademque natura vi rationis hominem conciliat homini et ad orationis et ad vitae societatem ingeneratque inprimis praecipuum quendam amorem in eos, qui procreati sunt impellitque, ut hominum coetus et celebrationes et esse et a se obiri velit (...).	Zugleich verbindet die Natur durch die Kraft der Vernunft den Menschen mit dem Menschen zur Gemeinschaft von Sprache und Leben; sie pflanzt ihm v. a. eine Art Liebe zu seinen Kindern ein und bewirkt, dass menschliche Zusammenkünfte stattfinden und von ihm besucht werden (...).
Inprimisque hominis est propria veri inquisitio atque investigatio. Itaque cum sumus necessariis negotiis curisque vacui, tum avemus aliquid videre, audire, addiscere cognitionemque rerum aut occultarum aut admirabilium ad beate vivendum necessariam ducimus. (...)	Und v. a. ist die Suche und Erforschung der Wahrheit dem Menschen eigen. Daher wollen wir, wenn wir frei von notwendigen Verpflichtungen und Sorgen sind, etwas sehen, hören, dazulernen und halten die Erkenntnis verborgener oder wunderbarer Dinge für notwendig zum erfüllten Leben. (...)
Quibus ex rebus conflatur et efficitur id, quod quaerimus, honestum, quod etiamsi nobilitatum non sit, tamen honestum sit, quodque vere dicimus, etiamsi a nullo laudetur, natura esse laudabile.	Hieraus ergibt sich das, was wir suchen, nämlich das ethisch Gute; auch wenn es nicht durch Ruhm geadelt ist, ist es dennoch ehrenvoll; und es ist, wie wir richtig sagen, auch wenn es von niemand gelobt wird, von Natur aus lobenswert.

1 **Weisen Sie die im deutschen Text unterstrichenen Passagen im lateinischen Text nach und beschreiben Sie gegebenenfalls die sprachlichen Unterschiede.**

2 **Stellen Sie aus dem Text die Leistungen der *ratiō* zusammen. Erörtern Sie, ob auch wir heute alle diese Leistungen mit der »Vernunft« bzw. »Intelligenz« begründen würden.**

3 Die meisten antiken Philosophen definierten das Menschsein vor allem durch die (rationale) »Vernunft«. Heute wird diese rationalistische Sicht als eher einseitig beurteilt: Finden Sie eigene Formulierungen dessen, was den Menschen definiert oder was einen idealen Menschen darüber hinaus ausmacht.

4 Cicero setzt sich in anderen philosophischen Schriften durchaus selbst kritisch mit der typisch stoischen Überbewertung der menschlichen Intelligenz (*ratiō*) auseinander: Beispiele sind Un- bzw. Freveltaten aufgrund menschlicher Intelligenz (z. B. Betrug, Krieg u. ä.). Finden Sie selbst moderne Beispiele für die negativen Folgen menschlicher Erfindungsgabe/Intelligenz.

Abb. 14: Menschliche Intelligenz

21. »Schmutzige« und ehrenvolle Berufe (Cic. off. 1,150–151: A)

Gegen Ende des ersten Buches geht Cicero auf den Wert der Berufe ein. Sein Urteil mag ein modernes Lesepublikum ziemlich überraschen, weil gerade die Berufstätigkeiten, mit denen man seinen Lebensunterhalt verdient, von ihm als »schmutzig« abgewertet werden.

Iam de artificiis et quaestibus, qui liberales habendi, qui sordidi sint, haec fere dicenda sunt:
Primum improbantur ii quaestūs,
qui in odia hominum incurrunt,
ut portitorum, ut feneratorum.
Illiberales autem et sordidi quaestūs mercennariorum
omnium, quorum operae, non quorum artes emuntur;
est enim in illis ipsa merces auctoramentum servitutis.
Sordidi etiam putandi sunt,
qui mercantur a mercatoribus, quod statim vendant;
nihil enim proficiant, nisi admodum mentiantur;
nec vero est quicquam turpius vanitate.
Opificesque omnes in sordida arte versantur;
nec enim quicquam ingenuum habere potest officina.
Minimeque artes eae probandae sunt,
quae ministrae sunt voluptatum:
Cetarii, lanii, coqui, fartores, piscatores.
Adde huc, si placet:
unguentarios, saltatores, totumque ludum talarium.
Eae artes autem, quibus aut prudentia maior inest
aut non mediocris utilitas quaeritur
ut medicina,
ut architectura,
ut doctrina rerum honestarum,
eae sunt iis, quorum ordini conveniunt, honestae.

artificium: Handwerk – **quaestus,** ūs *m.:* Beruf, Gewerbe – **līberālis:** eines Freien würdig

improbāre: ablehnen

portitor: Zöllner – **fēnerātor:** Geldverleiher – **illīberālis:** eines Freien unwürdig – **mercennārius:** Tagelöhner – **opera:** (reine) Arbeitsleistung – **mercēs:** Lohn – **auctōrāmentum:** Sold, Handgeld

mercārī: Ware (zum Weiterverkauf) erhalten – **prōficere:** Profit machen – **admodum:** ziemlich – **mentīrī:** betrügen – **vānitās:** Lügenhaftigkeit – **opificēs** *Pl.:* Handwerker

ingenuus, a, um: edel – **officīna:** Werkstatt

ministra: Dienerin

cētārius: Fischhändler – **lānius:** Metzger – **coquus:** Koch – **fartor:** Geflügelhändler

unguentārius: Salbenhändler
saltātor: Tänzer – **lūdus talārius:** Tanz- und Gesangsshow

mediocris: mittelmäßig

doctrīna + *Gen.:* Unterricht in
ordō: sozialer Stand
convenīre + *Dat.:* passen zu

1 *Vor der Übersetzung:* **Gehen Sie die Vokabelangaben und den Text durch und verschaffen Sie sich einen Überblick, welche Berufe als »schmutzig« und welche als »ehrenvoll« gelten.**

2 **Begründen Sie, warum Cicero bestimmte Berufe so stark abwertet und andere durchaus als ehrenvoll ansieht.**

3 **Vergleichen Sie Ciceros (für die antike Oberschicht sicher nicht unübliche) Wertung mit heutigen Einstellungen zu vergleichbaren Berufsgruppen.**

K Berufe in der Antike

Die römische Gesellschaft zur Zeit Ciceros funktionierte in vieler Hinsicht völlig anders als moderne Gesellschaften: Heute werden Gesellschaft und Volkswirtschaft im Wesentlichen von Lohnarbeit und Beschäftigung geprägt. Gerade in westlich orientierten Gesellschaften definieren sich die meisten erwerbstätigen Erwachsenen zu einem großen Teil über ihren Beruf. Das gesamte Bildungswesen ist letztlich auf die Vorbereitung von Erwerbsarbeit hin orientiert. Wichtig sind auch regelmäßig erhobene Statistiken zum Stand von Arbeitslosen und Erwerbstätigen. Eine wichtige Frage an oder für Jugendliche ist heute daher: »Was willst du später einmal werden?« Gemeint ist damit in der Regel ein bestimmter Beruf.

Auch in der Antike musste natürlich der größte Teil der Bevölkerung einem Beruf nachgehen, um seinen Lebensunterhalt zu verdienen. Allerdings galt dies nicht für die Oberschicht: Sie war in der Regel so vermögend, dass sie nicht nur nicht arbeiten musste, sondern für sie galt Arbeit gegen Lohn sogar als Schande. Daher wurden auch z. B. politische und militärische Ämter nicht wie heute bezahlt, sondern waren »Ehrenämter«, d. h. ohne Vergütung. Die Senatorenschicht besaß in der Regel große Landgüter und Immobilien, von deren Einkünften sie lebten. Im Kriegsfall kam die Kriegsbeute hinzu, an der sich die römischen Offiziere bereichern durften. Der »Beruf« des Legionärs war sicher nicht ehrenrührig: Zwar erhielten die Soldaten in der Kaiserzeit einen Sold von ca. 1.200 Sesterzen jährlich, aber sie dienten schließlich dem Vaterland und trugen zum Gemeinwohl bei.

Der Ritterstand in Rom bestand im Wesentlichen aus reichen Unternehmern und Reedern. Sie waren also im modernen Sinne schon in das Arbeitsleben eingebunden, aber trotzdem nicht selten politisch aktiv. Insofern stellt diese Bevölkerungsgruppe einen Spezialfall dar.

Die Berufe der einfachen Bevölkerung sind oben im lateinischen Text aufgelistet. Allerdings konnte man durch geschäftliche Tüchtigkeit durchaus viel Geld verdienen. Berühmt sind z. B. »Bäcker« oder besser »Brotfabrikanten«, die mit ihren Unternehmen sehr viel Geld verdienten, aber von der alteingesessenen Nobilität nicht als sozial ebenbürtig empfunden wurden – einfach aus dem Grund, weil sie für ihr Geld »arbeiten« mussten. Berufstätig waren in der Antike nicht nur Männer, sondern auch Frauen, die ganz unterschiedliche Berufe ausübten: Sie führten mit ihren Ehemännern zusammen Familienbetriebe, arbeiteten als Lehrerin, Amme, Erzieherin, Wäscherin, Köchin, Schauspielerin, Tänzerin oder Prostituierte.

Cicero als Person

22. Ciceros Familienleben

Der jüngere Bruder

Cicero besaß einen jüngeren Bruder namens **Quintus** Tullius Cicero, der ca. 102 v. Chr. geboren wurde. Dieser wurde zusammen mit seinem älteren Bruder Marcus in Rom ausgebildet und begleitete ihn auch 79–77 auf einer Studienreise nach Griechenland. Er heiratete auf Vermittlung seines Bruders Pomponia, die Schwester von Ciceros engstem Freund T. Pomponius Atticus. Aus der Ehe gingen zwei Söhne hervor, von denen der ältere (Quintus) zusammen mit Ciceros Sohn Marcus (s. u.) in dessen Haushalt erzogen wurde. Ciceros jüngerer Bruder Quintus wurde Senator, ging als Legionskommandeur *(legatus)* mit Caesar nach Gallien. Quintus starb im Zuge der Bürgerkriege nach Caesars Ermordung ebenso wie Quintus' gleichnamiger älterer Sohn im Jahr 43 v. Chr.

Die Ehefrauen

(Marcus Tullius) Cicero heiratete zwischen 80 und 77 v. Chr. seine erste Frau **Terentia,** die aus einer vornehmen und begüterten Familie stammte. Die Ehe erleichterte Cicero wohl den Einstieg in die höhere Gesellschaft Roms und lohnte sich v. a. auch finanziell für ihn: Er erhielt eine Mitgift von 400.000 Sesterzen. Terentia setzte sich während Ciceros Verbannung 58–57 für seine Rückkehr ein und kümmerte sich selbstständig um die gemeinsamen Vermögensangelegenheiten. Allerdings verschlechterte der Streit ums Geld schließlich die Ehe, was 46 zu der für Cicero verlustreichen Scheidung führte: Cicero musste die Mitgift zurückzahlen. Terentia wiederum heiratete nach der Scheidung noch zweimal und soll mit 103 Jahren gestorben sein.

Cicero heiratete nach der Scheidung 45 erneut, um sich finanziell wieder zu sanieren: Seine neue Frau **Publilia** war erst 15 Jahre alt und erwartete eine große Erbschaft. Auch diese Ehe wurde allerdings nach kurzer Zeit wieder geschieden: Cicero warf seiner neuen Frau vor, sie betrauere den Tod seiner im selben Jahr verstorbenen Tochter Tullia nicht genügend; Publilia wiederum fühlte sich von ihrem Mann vernachlässigt.

Die Kinder

Aus der Ehe mit Terentia gingen zwei Kinder hervor: 76 v. Chr. wurde die Tochter **Tullia** geboren, die Cicero über alles liebte. Sie war 63–57 unglücklich mit C. Calpurnius Piso, danach bis 51 mit Furius Crasipes und 50–46 mit dem 10 Jahre jüngeren P. Cornelius Dolabella verheiratet. Aus der ebenfalls unglücklichen Ehe mit Dolabella ging ein früh verstorbener Sohn hervor. 45 starb Tullia an den Folgen der Geburt ihres Sohnes, was für Cicero ein schwerer Schlag war, von dem er sich psychisch kaum erholte. Seine Hinwendung zur Philosophie erklärt er in den Briefen selbst als Trost bzw. Selbsttherapie gegen die Trauer um seine Tochter.

65 v. Chr. bekamen Terentia und Cicero den im Brief adressierten **Sohn,** der denselben Namen wie der Vater trug: **Marcus** Tullius Cicero. Er begleitete seinen Vater in den Bürgerkriegen im Heer des Pompeius und wurde 45 zum Studium nach Athen geschickt, wo er die Zeit aber lieber mit Geldausgeben und Trinkgelagen verbrachte. Er wohnte dort zusammen mit seinem Freund, dem Caesarmörder Brutus. In den Bürgerkriegen nach Caesars Ermordung (44 v. Chr.) war er Offizier auf der Seite des Brutus und überlebte die Proskriptionen unter Octavian und Marcus Antonius, so dass er erst unter der Herrschaft des ihm wohlgesonnen Augustus (Octavian) starb. Er machte sogar noch eine gewisse Karriere unter Augustus und wurde 30 v. Chr. zusammen mit Augustus Konsul. Nach dem Bürgerkriegs-Sieg des Augustus über Marc Anton, der die Ermordung seines Vaters befohlen hatte, verkündete Marcus die Siegesbotschaft in Rom. Auf seine Veranlassung beschloss der Senat die Entfernung aller Statuen des Marc Anton und die Entfernung seines Namens von allen öffentlichen Denkmälern *(damnatio memoriae).* Marcus übte einige Priesterämter aus: So wurde er unter Augustus Augur und Pontifex. Außerdem machte ihn Augustus zum Provinzverwalter in Syrien und Kleinasien. Marcus muss ein unbeherrschter und jähzorniger Mensch gewesen sein: So ließ er einen Kritiker seines Vaters geißeln und warf Augustus' Vertrautem Agrippa einen Becher an den Kopf.

Der Sklave und Freigelassene

Zur *familia* bzw. Hausgemeinschaft Ciceros gehörte auch der Sklave **Tiro,** der 53 v. Chr. von seinem Herrn freigelassen wurde und ihm lebenslang persönlich verbunden blieb. Tiro arbeitete im Haushalt Ciceros als Sekretär und engster Vertrauter. Aufgrund seiner Bildung konnte er Cicero offenbar auch literarisch beraten. Tiro erfand eine Kurzschrift (Stenographie), die es ihm ermöglichte, Gespräche und Reden bei normaler Sprechgeschwindigkeit zu protokollieren, was Cicero häufig für seine Zwecke einsetzen konnte. Nach Ciceros Tod (43) kümmerte sich Tiro um den Nachlass seines ehemaligen Herrn, u. a. um die Herausgabe und Publikation der Briefe.

1 **Rechnen Sie aus, wie alt Cicero und seine Angehörigen jeweils waren, als sie heirateten und Kinder bekamen.**

2 **Informieren Sie sich über die Art der römischen Namensgebung und erklären Sie danach die Namensbestandteile der o. g. Frauen und Männer.**

23. Spätere Quellen zu Ciceros Leben: Plutarch

Auch in der Kaiserzeit und selbst im griechischsprachigen Raum interessierte man sich noch sehr für Cicero und sein bewegtes Leben. Rund 150 Jahre nach dessen Tod verfasste der griechische Universalgelehrte und Philosoph Plutarch (ca. 45–120 n. Chr.) eine Biographie über ihn, die für die heutige Cicero-Forschung neben den Cicero-Briefen eine wichtige historische Quelle bildet.

Text 1: Geburt und Kindheit

Man sagt, Cicero sei ohne Schmerzen und Probleme geboren worden, als seine Mutter am 3.1.106 niederkam. Seiner Amme soll ein Traum erschienen sein und vorhergesagt haben, dass sie jemanden sehr Hilfreichen für alle Römer aufziehe. Cicero zeigte schnell selbst, als er in die Schule gekommen war, dass die Weissagung zutraf: Er ragte durch sein Talent heraus und erwarb sich einen solchen Namen und Ruhm unter den Mitschülern, dass ihre Väter in die Schule kamen, um Cicero mit eigenen Augen zu sehen und seinen angepriesenen scharfen Verstand kennen zu lernen. Er war fähig, sich für jeden Lernstoff zu begeistern und keinen Bildungsgegenstand für gering zu achten. (Plut. Cic. 2)

Text 2: Beginn der Karriere in Rom

Als sich Cicero nun voller Hoffnung in die Politik stürzte, wurde sein Schwung durch ein Orakel gestoppt: Als er den Apollon in Delphi befragte, wie er am berühmtesten würde, antwortete der, er solle sich von seiner eigenen Natur und nicht von der Meinung der Menge in seinem Leben leiten lassen. Daher verbrachte er die erste Zeit in Rom in vorsichtiger Zurückhaltung und begann die Ämterlaufbahn nur zögerlich, so dass er unbekannt blieb. Aber da er von Natur aus ehrgeizig war und ihn Vater und Freunde anspornten, spezialisierte er sich auf die Anwaltstätigkeit in Prozessen. Er kam dabei nicht allmählich zu höchstem Ansehen, sondern ragte sofort an Ruhm heraus und übertraf bei Weitem seine Konkurrenten auf dem Forum. (Plut. Cic. 5)

Text 3: Besitz und Ansehen

Er besaß ein schönes Landgut in Arpinum; außerdem hatte er bei Neapel und Pompeji Landbesitz, aber keinen großen. An Mitgift von seiner Frau Terentia kamen noch 120.000 Denare hinzu und ein Erbe, was insgesamt 90.000 Denare betrug. Damit konnte er ein freies und anständiges, aber zugleich genügsames Leben zusammen mit den griechischen und römischen Philologen in seinem Haushalt führen.

An seine Tür kamen täglich nicht weniger Klienten als zu Crassus (wegen seines Reichtums) und als zu Pompeius (wegen seiner militärischen Macht), die am meisten von allen Römern bewundert wurden und die einflussreichsten waren. (Plut. Cic. 8)

Text 4: Konsulat (63 v. Chr.) und Selbstlob

Er hatte damals seinen größten Einfluss in Rom. Bei vielen aber machte er sich unbeliebt – nicht wegen einer üblen Tat, sondern weil er sich immer selbst lobte und sich selbst zum Ärger der meisten anderen als der Größte pries. Es konnte nämlich keine Senatssitzung, keine Volksversammlung und kein Gerichtshof zusammentreten, in denen man sich nicht sein ganzes Gerede über Catilina anhören musste. Aber schließlich füllte er auch seine Bücher und Schriften mit Selbstlob; und seine eigentlich angenehme und höchst bezaubernde Rede wurde lästig und unerträglich für die Zuhörer. (Plut. Cic. 24)

Text 5: Rückschläge am Lebensende

Zuerst ließ er sich von seiner Frau Terentia scheiden, weil sie sich während des Bürgerkriegs nicht um ihn gekümmert hatte, so dass er sogar ohne notwendige Reisemittel habe abreisen müssen; und auch, als er wieder nach Italien zurückkam, sei sie unfreundlich zu ihm gewesen. Sie selbst war nämlich nie, als er sich lange Zeit in Brundisium aufhielt, zu ihm gekommen. Als seine Tochter Tullia aber, noch ein junges Mädchen, diesen weiten Weg zu ihm kam, gab sie ihr keine angemessene Begleitung oder Ausstattung. Cicero heiratete nicht lange danach ein junges Mädchen – wie Terentia hämisch sagte – aus Liebe zu ihrer hübschen Jugend. Tiro, Ciceros Freigelassener, dagegen schrieb, er habe sie wegen ihres Reichtums geheiratet, um seine Schulden zu bezahlen.

Kurz nach der Heirat starb seine Tochter Tullia, nachdem sie ein Kind von Dolabella bekommen hatte. Cicero trug allzu schwer an seinem Unglück, so dass er sich wieder von seiner neuen Frau scheiden ließ, weil sie sich über Tullias Tod zu freuen schien. (Plut. Cic. 41)

Text 6: Ciceros Tod in der Sänfte

Unterdessen kamen die Mörder heran. Cicero ließ seine Diener die Sänfte absetzen. Er fasste sich, wie gewohnt, mit der linken Hand ans Kinn, die Haare voller Staub und das Gesicht von Sorgen entstellt, so dass die meisten sich das Haupt verhüllten, als Herennius ihn ermordete, während er den Kopf herausstreckte. Sie schlugen ihm den Kopf und die Hände ab. Marc Anton befahl Kopf und Hände an der Rednertribüne aufzuspießen – ein grauenerregender Anblick für die Römer, aber nicht weil sie glaubten, Ciceros Gesicht zu sehen, sondern ein Abbild von Marc Antons Seele. (Plut. Cic. 48–49)

1. **Stellen Sie anhand der Plutarch-Stellen tabellarisch oder stichpunktartig wichtige Hintergrundinformationen zusammen, die bestimmte Einstellungen Ciceros besser verstehen und historisch einordnen helfen.**
2. **Plutarch stellt in seinen Biographien zu bedeutenden Griechen und Römern positive und negative Eigenschaften zusammen: Ordnen Sie auch hier in einer Tabelle positive und negative Eigenschaften Ciceros ein. Sie können auch Ciceros Kriterien *utile, honestum, iustum* heranziehen.**
3. **Vergleichen Sie Plutarchs Art der Informationsvermittlung und Faktenauswahl mit moderner Geschichtsschreibung: Wo gibt es Gemeinsamkeiten und wo Unterschiede zu moderner Geschichtsforschung?**

Lernvokabular

1. Der Einstieg

praeceptum, ī *n.*	Lehre, Vorschrift
summus, a, um	der, die, das höchste
scientia, ae *f.*	Wissen, Wissenschaft
augēre, augeō, auxī, auctum	fördern, vergrößern
hominēs augeō scientiā	ich fördere die Menschen im Wissen
5 afferre, afferō, attulī, allātum	bringen, schaffen
litterae, ārum *f. Pl.*	Wissenschaft, Literatur
doctus, a, um	gelehrt; Gelehrte/r, Experte, Expertin
adipīscī, adipīscor, adeptus sum	erreichen
aliquantum, ī *n.*	einiges, eine ganze Menge
aliquantum adeptus sum	ich habe einiges erreicht
10 iūdicāre	beurteilen
officium, ī *n.*	Pflicht, pflichtgemäßes Handeln
quaestiō, ōnis *f.*	Frage(stellung)
commūnis, e *(+ Gen.)*	gemeinsam *(+ Dat.)*; gemeinschaftlich
hoc est commūne hominum	das ist den Menschen gemeinsam
trādere, trādō, trādidī, trāditum	überliefern, vermitteln
15 audēre, audeō, ausus sum	wagen
audeō dīcere	ich wage zu sagen
honestās, tātis *f.*	Ehre(nhaftigkeit)
coniunctus, a, um cum	verbunden mit
colere, colō, coluī, cultum	pflegen, unterhalten
amīcitiam colere	eine Freundschaft pflegen/unterhalten
līberālitās, tātis *f.*	Freigebigkeit, Großzügigkeit

4. Was sind *officia?*

igitur	also
dēfīnīre	definieren
dēfīnītiō, ōnis *f.*	Definition
proficīscī, -ficīscor, -fectus sum ab	ausgehen von
hoc ā dēfīnītiōne proficīscitur	das geht von der Definition aus
5 disputāre dē	sprechen/diskutieren über
duplex, *Gen.* duplicis	doppelt
Adv. dupliciter	
pertinēre, -tineō, -tinuī ad	sich beziehen auf
hoc ad summum bonum pertinet	das bezieht sich auf das höchste Gut

positum esse in + *Abl.*	basieren auf
hoc in virtūte positum est	das basiert auf der Tugend
huius modī	von dieser/folgender Art
alius alium	einander; der eine ... den anderen
aliud aliō māius est	eins ist größer als das andere
alius alium videt	der eine sieht den anderen (sie sehen einander)
vocāre	nennen
hoc vocāmus perfectum	das nennen wir perfekt
medius, a, um	mittlere/r/s
probābilis, e	wahrscheinlich
reddere, reddō, reddidī, redditum	wiedergeben, angeben
ratiōnem/causam reddere	... (als) Grund angeben
utrum – an	ob – oder
dēlīberō, utrum malum an bonum sit	ich überlege, ob es schlecht oder gut ist
turpis, e	schlecht, schändlich
item	ebenso
disserere, -serō, -seruī	darlegen, erörtern
comparātiō, ōnis *f.*	Vergleich

5. Die Kardinaltugenden als Teilbereiche des *honestum*

honestus, a, um	1. ehrenvoll, ehrenhaft 2. ethisch gut
societās, tātis *f.*	Gemeinschaft, Gesellschaft
societās hominum	die menschliche Gemeinschaft
tuērī, tueor	schützen, beschützen
tribuere, tribuō, tribuī, tribūtum	zuteilen
quisque, *Gen.* cuiusque, *Dat.* cuīque	jede/r
suum cuīque tribuere	jedem das Seine zuteilen
fidēs, *Gen.* fideī *f.*	Zuverlässigkeit, Treue
magnitūdō, tūdinis *f.*	Größe
animus, ī *m.*	Herz, Charakter
modus, ī *m.*	Maß(halten)
modestia, ae *f.*	Bescheidenheit, Maßhalten
temperantia, ae *f.*	Mäßigung, Selbstbeherrschung
singulus, a, um	einzeln
nāscī, nāscor, nātus sum	entstehen
vērum, ī *n.*	das Wahre, die Wahrheit
mūnus, *Gen.* mūneris *n.*	Aufgabe
proprius, a, um + *Gen.*	kennzeichnend für
hoc est proprium virtūtis	das ist kennzeichnend für die Tugend

trēs *m./f.*, tria *n.*	drei
Gen. trium, *Dat.* tribus	
continēre, -tineō, -tinuī, -tentum	(ent)halten, umfassen
servāre	bewahren, aufrecht halten
20 cum – tum	sowohl – als auch besonders
opēs, um *f.Pl.*	der Wohlstand, die Mittel
comparāre	beschaffen
similis, e	ähnlich
adhibēre, -hibeō, -hibuī, -hibitum	anwenden
25 tractāre	behandeln, gebrauchen
decus, *Gen.* décoris *n.*	Tugend, Anstand

7. Die erste Kardinaltugend: Weisheit/Klugheit

cognitiō, ōnis *f.*	Erkennen, Erkenntnis
attingere, -tingō, -tigī	betreffen, berühren
lābī, lābor, lāpsus sum	unrecht handeln, Fehler machen
dēcipere, -cipiō, -cēpī, -ceptum	täuschen, betrügen
5 vitium, ī *n.*	Fehler
vītāre	vermeiden, meiden
cógnitus, a, um	bekannt
incógnitus, a, um	unbekannt
habēre prō + *Abl.*	halten für
hoc prō bonō habeō	ich halte das für gut
10 assentīrī, -sentior, -sēnsus sum	zustimmen
effugere, -fugiō, -fūgī, -fugitum	vermeiden
nimis	zu (sehr)
nimis magnum	zu groß
opera, ae *f.*	Mühe, Aufwand
obscūrus, a, um	dunkel, abgelegen
15 laus, *Gen.* laudis *f.*	Lob
cōnsistere, -sistō, -stitī in	bestehen aus, beruhen auf
virtūs cōnsistit in honestō	die Tugend beruht auf dem Guten
mēns, *Gen.* mentis *f.*	Geist, Intellekt
studium, ī *n.* + *Gen.*	Streben nach, Beschäftigung mit
studium cognitiōnis	Streben nach Erkenntnis
cōnsilium capere	einen Plan fassen, etwas beschließen
20 pertinēre, -tineō, -tinuī ad	sich beziehen auf
beātē vīvere, vīvō, vīxī	glücklich leben
versārī in + *Abl.*	sich beziehen auf; sich befassen mit
hoc in virtūte versātur	das bezieht sich auf die Tugend
ūtilitās, tātis *f.*	Nützlichkeit, Nutzen

9. Die zweite Kardinaltugend: Gerechtigkeit

commūnitās, tātis *f.*	Gemeinschaft
nōmināre	nennen
beneficentia, ae *f.*	Wohltätigkeit, (finanzielle/soziale) Unterstützung
līberālitās, tātis *f.*	Freigebigkeit
appellāre	nennen
licet + *Inf.*	man kann, es ist möglich
hoc licet bonum appellāre	das kann man gut nennen
nē quis (*Gen.* cūius, *Dat.* cuī)	damit niemand
nē quid	damit nichts
nocēre, noceō, nocuī	schaden
nāscī, nāscor, nātus sum	geboren werden; entstehen
ūsus, ūs *m.*	Gebrauch, Nutzen
ad ūsum hominum	zum menschlichen Gebrauch/Nutzen
creāre	schaffen, hervorbringen
prōdesse, prōsum/prōdest/prōsunt, prōfuit	nützen, helfen
aliī aliīs prōsunt	sie helfen einander / die einen helfen den anderen
inter sē	untereinander
nātūram ducem sequī, sequor, secūtus sum	der Natur als Führerin folgen, das Prinzip der Natur beachten

10. Was ist ein »gerechter Krieg«?

bellum suscipere, -cipiō, -cēpī, -ceptum	einen Krieg beginnen
iniūria, ae *f.*	Unrecht
cōnservāre	bewahren, beschützen
māiōrēs, um *m./f. Pl.*	die Vorfahren
cīvitās, tātis *f.*	Bürgerschaft; Bürgerrecht
aliquem in cīvitātem accipere	jemanden in die Bürgerschaft aufnehmen, jemandem das Bürgerrecht geben
fúnditus *Adv.*	von Grund auf, völlig
tollere, tollō, sustulī, sublātum	zerstören, aufheben, beseitigen
meā sententiā	meiner Meinung nach
cōnsulere, cōnsulō, cōnsuluī, consultum + *Dat.*	sorgen für; unterstützen
pācī cōnsulunt	sie sorgen für Frieden
hominibus cōnsulunt	sie unterstützen/sorgen für die Menschen
arma pōnere, pōnō, posuī, positum	die Waffen niederlegen, sich ergeben

tantopere *Adv.*	so (sehr)
iūstitiam colere	Gerechtigkeit üben
dēvincere, -vincō, -vīcī, -victum	vollständig besiegen
ex eō intellegī potest + *AcI*	daraus lässt sich erkennen, dass
15 bellum gerere, gerō, gessī, gestum	Krieg führen

11. Die dritte Kardinaltugend: Charakterstärke

cōnsequī, -sequor, -secūtus sum	erreichen
malitia, ae *f.*	Schlechtigkeit
īnsidiae, ārum *f.Pl.*	Hinterlist, tückisches Verhalten
vacāre + *Abl.*	nicht haben, ohne etwas sein
bonus homō vacat malitiā/īnsidiīs	ein guter Mensch ist ohne Bosheit
5 remōtus, a, um ab	entfernt von
potius quam	eher/lieber als
parātus, a, um ad	bereit zu
praetereā	außerdem
impellere, -pellō, -pulī, -pulsum	antreiben, veranlassen
10 audācia, ae *f.*	Dreistigkeit, Frechheit
audāx, *Gen.* audācis	dreist, frech
magnanimus, a, um	großmütig, edel
fallāx, *Gen.* fallācis	betrügerisch
ímprobus, a, um	schlecht, böse, schamlos
15 ōmittere, ōmittō, ōmīsī, ōmissum	fortlassen, auslassen
cēdere, cēdō, cessī, cessum + *Dat.*	weichen vor, nachgeben
dīligentia, ae *f.*	Sorgfalt, Achtsamkeit
umquam	jemals
mihi licet + *Inf.*	mir ist erlaubt, ich darf
mihi licet hoc dīcere	ich darf das (ruhig) sagen
20 imitātiō, ōnis *f.*	Nachahmung

12. Die vierte Kardinaltugend: Besonnenheit

modus, ī *m.*	Maß (*im Abl.* Art und Weise)
sēparāre	trennen, unterscheiden
decet	es gehört sich; es ist richtig
vacāre + *Abl.*	nicht haben, ohne etwas sein
5 explānāre	erklären
tuēri	beachten, betrachten
contrā *Adv.*	im Gegenteil, dagegen
fallere, fallō, fefellī	täuschen
turpis, e	schändlich, moralisch schlecht

10 dignus, a, um + *Abl.*	würdig + *Gen.*
viro dignus	eines Mannes würdig

13. In der Praxis sind *utile* und *honestum* verbunden

cómmodum, ī *n.*	Annehmlichkeit, Nutzen
cōpiae, ārum *f.Pl.*	(Geld-)Mittel, Vermögen
sī quandō	wenn einmal
agere, agō, ēgī, āctum dē	handeln von, behandeln
dē hāc quaestiōne agimus	wir behandeln diese Frage
5 appellārī	heißen, genannt werden
hoc appellātur ūtile	das heißt nützlich / wird nützlich genannt
cōnstituere, -stituō, -stituī, -stitūtum	bestimmen, definieren; festsetzen
parum *Adv.*	zu wenig, nicht
cállidus, a, um	listig, schlau, raffiniert
iūdicāre	beurteilen (als/für)
hoc iūdicō bonum	das beurteile ich als/für gut
10 fraus, *Gen.* fraudis *f.*	Betrug
cōnsilium, ī *n.*	Plan, Beschluss

15. Ist Tyrannen-Mord erlaubt?

occīdere, occīdō, occīdī, occīsum	töten
num?	etwa? wirklich?
num ita est?	ist es (etwa) wirklich so?
sī quī, sī quis	wenn jemand
sī quid	wenn etwas
quamvīs	selbst wenn; sogar *(bei Adj./Adv.)*
quamvīs familiārem occīdit	er tötete sogar einen Vertrauten
5 comparātiō, ōnis *f.*	Vergleich
attinet ad	es betrifft
(hoc) ad mē attinet	es betrifft mich
per- *vor Adjektiven*	sehr
perfacilis	sehr leicht
perpaucī	sehr wenige
iūdicium, ī *n.*	Urteil
etenim = enim	nämlich, denn
10 membrum, ī *n.*	(Körper-)Glied
sanguis, *Gen.* sánguinis *m.*	Blut
carēre, careō, caruī + *Abl.*	nicht (mehr) haben, ohne etwas sein
amīcīs carent	sie haben keine / sind ohne Freunde

16. Die Rechte von Ausländern im Staat

prohibēre, -hibeō, -hibuī, -híbitum	hindern; verbieten
eum venīre prohibēmus	wir hindern ihn / verbieten ihm zu kommen
prohibēmur venīre *(Passiv)*	wir werden gehindert zu kommen / man verbietet uns zu kommen
negāre + *AcI*	leugnen; sagen, dass nicht …
negant bonum esse	sie sagen, dass es nicht gut ist
adversus + *Akk.*	gegenüber, zu
pius adversus deōs	respektvoll gegenüber den Göttern
amor adversus fīliōs	die Liebe zu den Kindern
immortālis, e	unsterblich
5 impius, a, um	respektlos, frevelhaft
subīre, súbeō, súbiī	auf sich nehmen
multōs labōrēs subīmus	wir nehmen viele Mühen auf uns

17. Gyges und der Ring: Ehrlichkeit vs. Betrug

dēscendere, dēscendō, dēscendī, dēscēnsum	hinabsteigen, hinuntergehen
animadvertere, -vertō, -vertī, -versum	bemerken
latus, *Gen.* láteris *n.*	Seite
aperīre, apériō, apéruī, apertum	öffnen, aufmachen
5 mortuus, a, um	tot
dētrahere, -trahō, -trāxī, -trāctum	abziehen, wegnehmen
sē recipere, -cipiō, -cēpī, -ceptum	sich zurückziehen, zurückgehen
rursus *Adv.*	wieder(um)
opportūnitās, tātis *f.*	günstige Gelegenheit
10 opportūnus, a, um	günstig, praktisch
ūsus, a, um + *Abl.*	gebrauchend; mithilfe von
manū ūsus	mit (Hilfe) der Hand
rēgīna, ae *f.*	Königin
interimere, -imō, -ēmī, -ēmptum	töten, beseitigen
obstāre, óbstō, óbstitī	im Wege stehen, hinderlich sein
15 quisquam	irgendwer
quicquam	irgendetwas
nec quisquam	aber/und niemand
nec quicquam	aber/und nichts
repente *Adv.*	plötzlich
peccāre	Fehler machen; falsch handeln

quaerere, quaerō, quaesīvī, quaesītum	1. suchen 2. fragen (*oft mit* ex)
honestum quaerimus	wir suchen das Ehrenvolle/Gute
(ex tē) quaerimus, quid bonum sit	wir fragen (dich), was das Gute ist

18. Die philosophische Deutung der Gyges-Geschichte

satis *Adv.*	genug, hinreichend
satis bonum	gut genug
nōn satis bonum	nicht besonders/gerade gut
prōferre, prōferō, prōtulī, prōlātum	vorbringen, berichten
dēfendere, -fendō, -fendī, -fēnsum	(sich) verteidigen
quasi + *Konj.*	als ob
quasi hoc bonum sit	als ob das gut wäre
5 suspicārī, suspicor, suspicātus sum	vermuten; den Verdacht haben
tamquam	gewissermaßen; als ob
tamquam bonum	gewissermaßen gut
tamquam bonum sit	als ob es gut wäre
fatērī, fateor, fassus sum	zugeben; bekennen

19. Odysseus' Tricks vor der Abfahrt nach Troja

īnsānia, ae *f.*	Wahnsinn
simulātiō, ōnis *f.*	das Vortäuschen, die Vortäuschung
fortasse	vielleicht
aliquis dīxerit *(Potentialis)*	jemand könnte sagen
5 rēgnāre	König sein, herrschen
ōtiōsus, a, um	friedlich, müßig, ungestört
ōtiōsē vīvere	friedlich/ungestört leben
parentēs, um *Pl.*	Eltern
tranquīllitās, tātis *f.*	Ruhe
cōnferre, -ferō, -tulī, -lātum	vergleichen
10 vērō	aber, jedoch
contemnere, -temnō, -tempsī, -temptum	verachten
gerere, gerō, gessī, gestum	tun, vollbringen
vērum *am Satzanfang*	aber, sondern
nōn modō – vērum etiam	nicht nur – sondern auch
dimicāre cum	kämpfen mit/gegen
15 dēserere, dēserō, dēseruī, dēsertum	verlassen, im Stich lassen
bellum īnferre, -ferō, -tulī, -lātum	Krieg beginnen

21. Schmutzige und ehrenvolle Berufe

habēre + *doppelter Akkusativ*	halten für
habērī + *doppelter Nominativ*	gehalten werden für
hanc rem bonam habēmus	diese Sache halten wir für gut
haec rēs bona habētur *(Passiv)*	diese Sache wird für gut gehalten
haec rēs bona habenda est	diese Sache muss man für gut halten
ferē *Adv.*	etwa, ungefähr
odium, ī *n.*	Hass, Ablehnung
opera, ae *f.*	Mühe, Arbeit
emere, emō, ēmī, ēmptum	kaufen
ars, *Gen.* artis *f.*	Fähigkeit; Kunst(fertigkeit)
servitūs, tūtis *f.*	Sklaverei, (Sklaven-)Dienst
statim	sofort
vēndere, vēndō, vēndidī, vēnditum	verkaufen
ádmodum	ziemlich, sehr
mentīrī	lügen, betrügen
probāre	billigen, akzeptieren
voluptās, tātis *f.*	Lust, Genuss

Wichtige Stilmittel und ihre Funktionen

Alliteration (die)
Gleicher Anlaut in aufeinanderfolgenden Wörtern

(liberamur) mortis metu: Alliteration unterstreicht die Todesfurcht.

Anapher (die)
Wiederaufnahme des gleichen Wortes am Anfang aufeinanderfolgender Wortgruppen oder Sätze

nihil est maius amicitia, nihil uberius, nihil iucundius: Das anaphorische Wiederholen der Negationen hämmert die Macht der Freundschaft ein.

Antithese (die)
Gegenüberstellung gedanklich entgegengesetzter Wörter, Wortgruppen oder Sätze

liberamur mortis metu, non conturbamur ignoratione rerum:
Der Gegensatz von geistiger Befreiung und geistiger Verwirrung wird (asyndetisch) betont.

Asýndeton
nemo est, qui dolorem amet, consectetur, adipisci velit: Die Auslassung der Konjunktion *et/aut* lässt den Ausdruck knapper wirken.

Chiasmus (der)
Überkreuzstellung einander entsprechender Begriffe oder Satzteile (benannt nach dem griechischen Buchstaben X = Chi):

*et **verborum** vis,*
*et natura **orationis** potest perspici*

Die Wortstellung verdeutlicht die Parallelisierung und zugleich Gegenüberstellung von *verborum/orationis* sowie *vis/natura.*

Ellipse (die)
Auslassung von Wörtern oder Satzteilen

neque stultorum quisquam beatus, neque sapientium non beatus: Die Auslassung von *est* macht die Aussage knapper und eindringlicher.

Hypérbaton (das)
Zusammengehörige Wörter eines Satzglieds sind von anderen Wörtern getrennt

omnes magnam aliquam quaerunt voluptatem: Die Sperrung von *magnam … voluptatem* hebt das Substantiv besonders hervor.

Klimax (die)
Qualitative oder quantitative Steigerung

nemo est, qui dolorem amet, consectetur, adipisci velit:

Die Steigerung vom Lieben über das Verfolgen bis zum Erreichen unterstreicht die Ablehnung des Schmerzes.

Metonymie (die)	Ein Wort wird durch ein anderes aus einem verwandten Sachbereich ersetzt: *ferrum ~ gladius:* Das Material (Eisen) steht hier für den daraus gefertigten Gegenstand.
Parádoxon (das)	Überraschende Aussage, die auf den ersten Blick nicht sinnvoll erscheint: *voluptas mihi videtur esse summum bonum:* Die scheinbar widersprüchliche Aussage von Lust und Gut kann den Hörer provozieren.
Parallelismus (der)	Gleicher Bau einander entsprechender Satzglieder bei annähernd gleicher Wortzahl *levamur superstitione, liberamur mortis metu:* Die abergläubische Furcht und die Angst vor dem Tode werden parallelisierend aufgezählt.
Personifikation	Personifizierung von Sachen oder Abstrakta: *Dea Virtus* als vergöttlichte Tugend.
Polýptoton (das)	Wiederholung desselben Wortes mit unterschiedlicher Endung: *hoc ipsum efficitur in amicitiā, et amicitiă cum voluptate conectitur:* Die Freundschaft wird in ihren verschiedenen Facetten durch die Wiederholung hervorgehoben.
Polysýndeton (das)	Verwendung von Verbindungspartikeln zwischen parallel gestellten Wörtern, Wortgruppen oder Sätzen *nemo voluptatem aspernatur aut odit aut fugit:* Die Konjunktionen *aut* lassen den Ausdruck gewichtiger wirken.
Rhetorische Frage	Scheinfrage, die keine explizite Antwort verlangt, sondern die vom Leser/Hörer im Kopf beantwortet wird: *quis iure eum reprehendit, qui in dolorem fugiat?* Niemand würde (laut Sprecher) so jemanden kritisieren – die rhetorische Frage drückt eine Selbstverständlichkeit aus.
Tríkolon	Dreigliedriger Ausdruck: *nihil est maius amicitia, nihil uberius, nihil iucundius:* Die drei Eigenschaften werden hier besonders hervorgehoben.

Verzeichnis der Orte und Eigennamen

Aborīginēs (= Latīnī): Italisches Urvolk in Latium.
Konrad **Adenauer** (1876–1967): Deutscher Politiker (zuerst Zentrumspartei, nach 1945 CDU); 1949–1963 erster Bundeskanzler der Bundesrepublik Deutschland.
Aeneas: Mythischer Held und trojanischer Fürst; flüchtete aus dem zerstörten Troja und begründete in Italien die Anfänge der römischen Herrschaft.
Aequī/Äquer: Italischer Volksstamm östlich von Rom; erhielten nach der Eroberung durch Rom das römische Bürgerrecht.
Akademie: Schule Platons in Athen.
Apollon: Griechischer Orakelgott mit Hauptheiligtum in Delphi.
Aristóteles (384–324 v. Chr.): Griechischer Philosoph und bedeutendster Schüler Platons; hatte in Athen seine Schule (Perípatos).
Arpīnum: Italische Kleinstadt 113 km südöstlich von Rom und Heimat Ciceros; gehörte seit 305 v. Chr. zum Herrschaftsbereich Roms; 188 v. Chr. erhielten die Bewohner volles römisches Bürgerrecht.
Athēnae: Athen.
Titus Pomponius **Atticus:** reicher Geschäftsmann und Bankier; enger Vertrauter Ciceros.
Augustus (Octavianus: 63 v. Chr.–14 n. Chr.): Adoptivsohn Caesars und erster Princeps (seit 30 v. Chr.).

Marcus Iūnius **Brūtus** (85–42 v. Chr.): Freund Ciceros und einer der Mörder Caesars.

Gāius Iūlius **Caesar** (100–44 v. Chr.): Römischer Politiker und Feldherr; Gegner Ciceros und Diktator.
Lūcius Sergius **Catilīna** (108–62 v. Chr.): Römischer Politiker und Gegner Ciceros; versuchte 63 v. Chr. einen Staatsstreich in Rom (»Catilinarische Verschwörung«).
Marcus Tullius **Cicerō:** Sohn Ciceros; starb unter Augustus.
Quīntus Tullius **Cicerō:** Bruder Ciceros; starb 32 v. Chr.
Cratippus/Kratippos (1. Jh. v. Chr.): Griechischer Philosoph der aristotelischen Schule und Freund Ciceros.

Quīntus **Ennius** (239–169 v. Chr.): Oskisch-griechischer Schriftsteller aus Apulien; kam als Begleiter und Griechischlehrer des alten Cato nach Rom; schrieb ein historisches Epos von Aeneas bis zu den Punischen Kriegen auf Latein.
Epikur (341–271 v. Chr.): Griechischer Philosoph von Samos; gründete 306 v. Chr. in Athen seine Schule.

Francisco **Franco** y Bahamonde (1892–1975): Spanischer General und faschistischer Politiker; putschte 1936 gegen die spanische Regierung und regierte ab 1939 als *caudillo* (= Führer) diktatorisch mithilfe der Katholischen Kirche in Spanien.

Gyges (assyrisch: *Guggu;* 7. Jh. v. Chr.): Lydischer König.

Johann Friedrich **Herbart** (1776–1841): Deutscher Philosoph, Psychologe und Begründer der modernen Pädagogik.

Hernicī/Herniker: Italisches Volk in Latium; erhielten nach der Eroberung durch Rom das römische Bürgerrecht.

Herodót (ca. 490–430 v. Chr.): Griechischer Geschichtsschreiber.

Adolf **Hitler** (1889–1945): Österreich-deutscher Politiker der NSDAP; regierte ab 1933 als »Führer«, begann den Zweiten Weltkrieg und war für den Holokaust an den europäischen Juden verantwortlich.

Saddam **Hussein** (1937–2006): Irakischer General und Politiker der sozialistischen Ba'th-Partei; regierte ab 1979 diktatorisch als Staatspräsident; ließ seine politischen Gegner liquidieren.

Juvenal (ca. 60–130 n. Chr.): Römischer Satirendichter; stellt in seinen Satiren das römische Alltagsleben dar und kritisiert speziell in der 3. Satire die »Überfremdung« in Rom. Von ihm stammen bekannte Ausdrücke wie *panem et circenses* (»Brot und Spiele«) oder *mens sana in corpore sano* (»ein gesunder Geist in einem gesunden Körper«).

Kandaúles (= Sadyattes; 7. Jh. v. Chr.): König von Lydien.

Karnéades (ca. 214–129 v. Chr.): Griechischer Philosoph aus Kyrene; leitete die Platonische Akademie bis 137 v. Chr.

Karthāgō: Phönizische Stadt in Nordafrika und Gegner Roms; 146 v. Chr. von den Römern zerstört.

Kim Jong-un (geb. 1984): Nordkoreanischer Politiker und Staatschef; seit 2012 »Ewiger Generalsekretär«.

Kroisos/Krösus (6. Jh. v. Chr.): Letzter König von Lydien; war wegen seines sagenhaften Reichtums bekannt.

Latīnī/Latiner (= Aborīginēs): Italisches Volk in Latium/Rom.

Līvius Andronīcus (3. Jh. v. Chr.): Grieche aus Tarent (Süditalien); Begründer der römischen Literatur; übersetzte u. a. die Odyssee ins Lateinische.

Lydien: Landschaft im westlichen Kleinasien; Hauptstadt: Sardeis.

Marc(us) Anton(ius) (ca. 83–30 v. Chr.): Politischer Weggefährte Caesars und dessen Mitkonsul 44 v. Chr.; Feind Ciceros; zunächst Bürgerkriegs-Gegner des Octavian/Augustus, dann mit ihm verbündet.

Benito **Mussolini** (1883–1945): Italienischer Politiker; war zunächst Sozialist, dann Faschist und wichtiges Vorbild Adolf Hitlers; regierte Italien von 1925–1943 als *duce* (= Führer) bzw. Diktator.

Numantia: Keltiberische Stadt im heutigen Spanien; leistete den Römern lange Widerstand und wurde 133 v. Chr. erobert.

Odysseus/Ulixēs: Griechischer Held; war mit Penélope verheiratet und hatte mit ihr den Sohn Télemach.

Panaítios/Panaetius (180–110 v. Chr.): Philosoph der mittleren Stoa. Verfasser des Werkes *perí toû kathékontos* als Vorbild für Ciceros *De officiis.*

Phálaris (6. Jh. v. Chr.): Griechischer Politiker; war 570–555 v. Chr. Tyrann der Stadt Akragas (Agrigent) auf Sizilien; er kam durch einen gewaltsamen Staatsstreich an die Macht und soll seine politischen Gegner grausam verfolgt haben; berühmt ist der bronzene Stier, in dem er Menschen bei lebendigem Leibe geröstet haben soll.

Phrygien: Landschaft im nordwestlichen Kleinasien.

Titus Maccius **Plautus** (253–184): Stammte aus Sassina (Apennin-Gebirge) und dichtete lateinische Komödien.

Platon/Platō (427–347 v. Chr.): Griechischer Philosoph und berühmtester Schüler des Sokrates. Gründete in Athen eine eigene Schule (Akademie).

Plutárch (ca. 50–120 n. Chr.): Griechischer Universalgelehrter und Philosoph; verfasste u. a. eine Reihe von Biographien bedeutender griechischer und römischer Persönlichkeiten, darunter eine Lebensbeschreibung Ciceros.

Poseidónios/Posīdonius (135–51 v. Chr.): Philosoph der mittleren Stoa und Lehrer Ciceros.

Sabīnī/Sabiner: Italisches Volk östlich von Latium/Rom; erhielten nach der Eroberung durch Rom das römische Bürgerrecht.

Sardeis: Hauptstadt von Lydien.

Sókrates (470–399 v. Chr.): Athenischer Philosoph und Lehrer Platons.

Josef (Dschugaschwili) **Stalin** (1878–1953): Georgisch-russischer Revolutionär und Politiker; errichtete als Chef der Kommunistischen Partei eine totalitäre Diktatur in der Sowjetunion.

Terentia (ca. 98 v. Chr.–6 n. Chr.): Ciceros sehr wohlhabende erste Ehefrau.

Publius **Terentius** Afer (»der Schwarze«; ca. 190–158 v. Chr.): Stammte aus Afrika (Karthago) und kam als Sklave nach Rom; machte später als Freigelassener Karriere als Verfasser lateinischer Komödien in Rom.

Troja: Phrygische Stadt in Kleinasien; von den Griechen zerstört.

Tullia: Ciceros Tochter (gestorben 45 v. Chr.).

Tusculānī: Bewohner von Tusculum; erhielten nach der Eroberung durch Rom das römische Bürgerrecht.

Tusculum: Vorort Roms in den Albaner Bergen; Sitz vieler Villen reicher Römer.

Ulixēs/Odysseus: Griechischer Held; war mit Penélope verheiratet und hatte mit ihr den Sohn Télemach.

Volscī/Volsker: Italisches Volk nördlich von Rom; erhielten nach der Eroberung durch Rom das römische Bürgerrecht.

Abbildungsnachweis

Abb. 1: Cicero: original: Gunnar Bach Pedersen; for that version: Louis le Grand (https://commons.wikimedia.org/wiki/File:M-T-Cicero.jpg), »M-T-Cicero«, als gemeinfrei gekennzeichnet, Details auf Wikimedia Commons: https://commons.wikimedia.org/wiki/Template:PD-self – Abb. 2: Platon: Silanion (https://commons.wikimedia.org/wiki/File:Head_Platon_Glyptothek_Munich_548.jpg), »Head Platon Glyptothek Munich 548«, als gemeinfrei gekennzeichnet, Details auf Wikimedia Commons: https://commons.wikimedia.org/wiki/Template:PD-self – Abb. 3: Stoa: A.Savin (https://commons.wikimedia.org/wiki/File:Attica_06-13_Athens_22_View_from_Acropolis_Hill_-_Museum_of_Ancient_Agora.jpg), »Attica 06-13 Athens 22 View from Acropolis Hill – Museum of Ancient Agora«, https://creativecommons.org/licenses/by-sa/3.0/legalcode – Abb. 4: Schulszene: akg-images/Erich Lessing – Abb. 5: Münze: de:Benutzer:Maus-Trauden (https://commons.wikimedia.org/wiki/File:Aureus-Honos.png), »Aureus-Honos«, als gemeinfrei gekennzeichnet, Details auf Wikimedia Commons: https://commons.wikimedia.org/wiki/Template:PD-user – Abb. 6: Dea Virtus: Hannibal21 (https://commons.wikimedia.org/wiki/File:Dea_Virtus.jpg), »Dea Virtus«, https://creativecommons.org/licenses/by-sa/3.0/legalcode – Abb. 7: Der weise Mann auf dem Berg: Karsten Schley / toonpool.com – Abb. 8: Deutsche Tugend – Pünktlichkeit: Timo Essner/toonpool.com – Abb. 9: Krieg ist keine Lösung: Christiane Pfohlmann/toonpool.com – Abb. 10: Gyges: Published by Guillaume Rouille (1518?-1589) (https://commons.wikimedia.org/wiki/File:Gyges.jpg), »Gyges«, als gemeinfrei gekennzeichnet, Details auf Wikimedia Commons: https://commons.wikimedia.org/wiki/Template:PD-old – Abb. 11: Lydische Münzen: Classical Numismatic Group, Inc. http://www.cngcoins.com (https://commons.wikimedia.org/wiki/File:BMC_06.jpg), »BMC 06«, https://creativecommons.org/licenses/by-sa/3.0/legalcode – Abb. 12: Karte Lydien: Original: User:Roke SVG: User:Nekto German: User:WillemBK (https://commons.wikimedia.org/wiki/File:Map_of_Lydia_ancient_times-de.svg), »Map of Lydia ancient times-de«, https://creativecommons.org/licenses/by-sa/3.0/legalcode – Abb. 13: Palamedes und Odysseus: Unknown authorUnknown author (https://commons.wikimedia.org/wiki/File:Odysseus_fakes_insanity_-_Unknown_-_Google_Cultural_Institute.jpg), »Odysseus fakes insanity – Unknown – Google Cultural Institute«, als gemeinfrei gekennzeichnet, Details auf Wikimedia Commons: https://commons.wikimedia.org/wiki/Template:PD-old – Abb. 14: Menschliche Intelligenz: bSt67/toonpool.com